Every garden-maker should be an artist along his own lines...
The tiniest garden is often the loveliest.

- Vita Sackville West -

정원을 꾸미는 사람은 자신의 방식대로... 예술가인 것이다.
아주 작은 정원이 종종 가장 사랑스럽다.

– 문현주와 함께하는 7단계 –
정원 디자인

ATELIER ISU

1단계 **정원의 용도를 생각하자**		8
1.1 야외 식사를 위한 정원		12
1.2 놀이 위주의 정원		16
1.3 화훼 및 채소 정원		18
1.4 휴식과 사색의 정원		22
2단계 **정원의 유형을 선택하자**		26
2.1 현대식 정원		30
2.2 정형식 정원		34
2.3 낭만적 정원		38
2.4 야생 정원		42
2.5 한국형 정원		46
참고 1 주제가 있는 정원들		50
3단계 **부지의 조건을 조사하자**		52
3.1 지형		55
3.2 기후		56
3.3 토양		57
3.4 주변 풍경		59
3.5 부지 측량		60
4단계 **땅 가름을 시작하자**		64
4.1 공간 계획		68
4.2 동선 계획		69
4.3 기본 계획		70

5 단계	**필요한 구조물을 계획하자**	**84**
	5.1 길과 포장	87
	5.2 계단과 경사로	92
	5.3 울타리와 대문	98
	5.4 테라스	102
	5.5 수경시설	106

6 단계	**정원수를 디자인하자**	**114**
	6.1 정원수의 이해	118
	참고 2 정원수의 분류	132
	6.2 정원수의 기능	136
	6.3 식재 디자인 과정	140
	6.4 일곱 계절의 정원	142

	참고 3 칼 푀르스터	150
	6.5 화단의 혼합식재	152

7 단계	**시설물로 장식하자**	**158**
	7.1 정원 가구	162
	7.2 정원 장식물	170
	7.3 기타 부속 시설	176

책을 내며

이 책을 읽기 시작하는 사람들은 행복한 사람일 것입니다.
우리 집의 정원을 어떻게 꾸며야 할까를 고민하고 있는 사람이기 때문입니다.

우선 정원 꾸미기를 시작하게 되면 대부분 '무슨 꽃들을 심을까?'를 생각하게 됩니다. 그리고 언젠가 보았던 내가 좋아하는 꽃이 기억나고 가까운 화훼 단지로 그 꽃을 구하러 갑니다. 그런데 올 때 보면 그 꽃 이외에 이런저런 예쁜 꽃들을 함께 데려오게 됩니다.

하지만 계획했던 꽃은 대략 생각해 두었던 위치가 있어 심었는데 함께 데려온 꽃들은 심을 장소를 찾아야 합니다. 정원에 서서 이곳저곳을 둘러보며 고민합니다. 작년에 심은 꽃이나 몇 년 전 심었던 나무들의 위치가 이제는 적당한 자리가 아닌 듯합니다. 그래서 그것들을 다른 위치로 옮길 궁리를 하게 됩니다. 그러다 보니 이러한 번거로움이 여러 번 있었던 것이 기억납니다. 꽃과 나무가 좋아 키우기 시작하고 열심히 관리하여 왔는데 이제는 뭔가 계획적으로 심어야겠다는 생각이 듭니다.

그런데 전체적인 화단의 모습을 계획하려니 어디서부터 어떻게 풀어 나가야 할지 당황스럽습니다. 이런저런 정원 책도 보고 잘 가꾸어진 정원을 방문하여 자세히 관찰하고 부분적인 아이디어도 얻어 준비하게 됩니다. 하지만 정작 나의 정원에 꾸며 놓으려니 주변 여건이 달라서 계획한 화단이 내 정원에 적합한지 망설이게 됩니다.

아마 여러분들도 이미 이러한 과정을 경험해 보셨으리라 생각합니다. 베란다에 화분을 놓아 보았거나 작은 텃밭에 채소를 심어본 사람이라면 이 화분을 어디에 놓을까? 상추를 한 줄로 심을까? 두 줄로 심을까? 여러 번 고민을 하게 됩니다. 또한 한 뙈기의 땅에 꽃과 나무를 직접 심었다면 무슨 나무를 어느 쪽에 심을까? 고민하였을 것입니다.

이러한 고민이 바로 정원 디자인 과정입니다.
정원 디자인이 쉬운 일은 아닙니다. 그래서 <정원 디자이너>라는 전문가가 있습니다. 정원사가 다양한 기술로 정원 가꾸기에 전문가라면 정원 디자이너는 전체적인 정원을 설계합니다. 이들은 디자인 원리를 배우고, 식물에 대한 지식과 경험을 갖고 있습니다.

하지만 내 정원을 내가 디자인할 수 있다면 정원 가꾸기라는 취미는 더욱 흥미롭고 보람 있는 작업이 될 것입니다. 그리고 나의 정원을 아름답게 또는 내 마음에 들게 꾸미기 위하여 좀 더 체계적인 방법으로 접근한다면 정원 디자인이 꼭 어려운 일만은 아닙니다.

많은 취미 정원사들도 역시 그들의 정원에서 광범위한 정원 일을 통해 높은 수준의 경험을 하고 있습니다. 이러한 경험을 바탕으로 우리 집의 정원을 내가 직접 디자인할 수 있습니다. 물론 시행착오가 있겠지만 그 과정에서 또 다른 경험을 하고 배우는 기쁨이 있습니다. 그리고 그 기쁨은 내가 디자인한 정원의 아름다움을 배로 느끼게 합니다.

아름다움에서 기쁨을 느끼는 것은 예술이라 생각합니다.
정원은 정원 디자이너와 정원사가 대지에 펼쳐놓는 창조적인 예술입니다.
정원에 햇볕이 내려 쪼이고, 시원한 빗줄기가 내려 주는 한, 시인이 아름다운 언어로 시를 짓듯이, 화가가 오색의 물감으로 그림을 그려내듯이 정원사는 대지를 캔버스 삼아 꽃과 나무로 색을 조합하고 아름다운 형태를 만들어 내는 것입니다.

정원 디자인은 자연에서 느꼈던 멋진 느낌을 하나씩 내 정원에 그려 넣는 것입니다. 그리고 정원에서 즐기고 싶은 일들을 내 취향에 맞게 펼쳐 놓는 것입니다. 더욱이 정원을 만드는 일은 그 결과보다는 과정에서 행복과 즐거움을 느낄 수 있습니다. 그리고 그 느낌은 우리의 삶을 좀 더 풍요롭고 여유롭게 만들어 줄 수 있습니다.

이 책은 여러분들이 직접 정원 디자인을 할 수 있게 그 과정을 7 단계로 나누어 설명하고 있습니다. 단계적으로 하나씩 해결해 나가면 어렵지 않게 자신의 정원을 디자인할 수 있을 것입니다. 이 책이 정원을 아름답게 꾸미려는 여러분들에게 도움이 되었으면 좋겠습니다. 그리고 저는 여러분들이 꿈꾸는 아름다운 정원이 완성되기를 응원합니다.

2017. 6.
양평 신원리에서
문 현 주

1단계 정원의 용도를 생각하자

1.1 야외 식사를 위한 정원
1.2 놀이 위주의 정원
1.3 화훼 및 채소 정원
1.4 휴식과 사색의 정원

1단계 정원의 용도를 생각하자

이제 많은 사람들이 정원을 갖고 싶어 한다. 그리고 각자가 꿈꾸고 있는 정원이 있다. 그 정원을 만들기 위하여 우선 몇 가지 생각을 정리하여 볼 필요가 있다. 나는 정원을 왜 갖고 싶은 지? 그리고 그 정원에서 무엇을 하고 싶은 지? 생각하여야 한다. 즉 1단계에서는 정원을 어떻게 꾸며야 하느냐 보다는 내가 꿈꾸는 정원의 용도를 생각하는 것이다.

거실에서 정원을 한 폭의 그림처럼 감상하고 싶다.
친지들을 불러 바비큐나 야외 파티를 즐기고 싶다.
어린 자녀들이 자유로이 뛰어 놀게 하고 싶다.
화단을 가꾸어 아름다운 꽃과 나무를 감상하고 싶다.
유기농 먹거리를 위하여 넉넉한 텃밭을 가꾸고 싶다.

대부분 정원을 갖고 싶은 이유는 정원에서 하고 싶은 일이 있거나 자연에서 감동 받았던 기억들을 내 정원에 들여놓고 싶기 때문일 것이다. 이를 좀 더 세부적으로 정리하여 보면 정원에서 하고 싶은 일들은 휴식, 사교, 식사, 독서, 일광욕, 놀이, 화훼 가꾸기, 채소 키우기 등이 있다. 그리고 자연에서 감동 받았던 일들은 숲 속에서 들었던 새소리, 꽃의 향기와 아름다움, 겨울철 정원수의 실루엣, 넓고 시원스러운 벌판, 큰 나무 아래 펼쳐진 그늘 그리고 멀리 펼쳐지는 풍경 등이 있다.

이렇듯 정원에서 즐길 수 있는 일들은 다양하다. 어쩌면 모두 다 내 정원에 들여 놓고 싶기도 하지만 일단 한정된 부지 안에서 어려운 일이다. 더러는 내 취향에 맞지 않거나 거주 지역의 주변 여건에 맞지 않는 일도 있다.

그리고 정원의 용도를 결정하기 위하여 한 가지 더 생각하여야 한다. 가족이 요구하는 사항을 파악해야 한다. 우선 가족의 연령대 그리고 함께하는 가족들의 생활 패턴, 취향, 차량보유 대수, 원하는 분위기 등을 조사한다. 즉 가족 구성원 모두에게도 정원에서 하고 싶은 일이 무엇인지 의견을 들어 보아야 한다. 이 밖에도 가족들이 특별히 선호하거나 알레르기 등으로 피해야 하는 동물과 식물이 있는지를 파악하여야 한다.

그래서 당신이 원하는 것과 가족들이 원하는 것 그리고 다 같이 하고 싶은 일들을 조사하여 목록을 만들어 본다. 정원의 용도는 가족 구성원 모두의 다양한 요구가 반영되어야 하기 때문에 이 목록을 천천히 검토하여 공통된 요구 사항을 찾아낸다. 대부분 1~2 가지 이상을 함께 선택하게 되며 이로써 정원 계획에 우리 가족의 생활방식이나 취미생활이 반영되게 된다.

1단계에서는 너무 세부적인 사항을 고려할 필요는 없다. 우선 큰 그림을 그리면서 자유롭게 상상하여 본다. 실현 가능성이 있는지를 생각하기보다는 당신이 충분한 예산으로 멋진 장소와 완벽한 날씨를 누릴 수 있다고 가정하고 정원 디자인을 시작한다. 그리고 단계별로 작업하면서 당신 디자인을 정원의 규모나 주변 여건에 맞게 조정해 나가면 된다.

정원의 용도는 정원에서 즐기고 싶은 일을 결정하는 것으로 각자의 취향에 따라 다양하지만 여기서는 크게 야외 식사를 위한 정원, 놀이 위주의 정원, 화훼 및 채소 정원 그리고 휴식과 사색의 정원으로 분류하여 그 특징과 조건을 알아본다.

1. 1 야외 식사를 위한 정원

아침 햇살이 내리쬐는 테라스에 앉아 그윽한 향기의 커피를 마신다. 또는 초여름에 긴 해를 즐기며 노을이 물드는 정원에서 늦게까지 가족이나 친지들과 담소를 나누며 저녁 식사를 즐긴다. 이는 정녕 정원을 갖고 있는 사람들의 즐거움이다. 더욱이 친지나 지인들을 초대하여 텃밭에서 내가 직접 기른 유기농 쌈 채소와 함께 바비큐를 즐길 수 있다는 것은 정원을 갖고 있는 사람의 크나큰 기쁨 중의 하나이다.

이는 개인이나 소그룹의 사람들이 비교적 조용하고 평온한 가운데 휴식과 대화 그리고 식사 등을 즐기기 위한 정원이다. 이러한 정원의 용도는 실내의 거실이나 식당을 확장하여 정원을 옥외 식당이나 옥외 거실의 개념으로 사용하는 것이다.

야외식사를 위한 공간을 좀 더 편안한 장소로 만들려면 눈, 비, 또는 햇빛을 막을 수 있는 환경을 조성하여야 한다. 예를 들어 한 여름의 햇볕을 피할 수 있게 적당한 위치에 잎이 풍성한 낙엽수를 식재하여 시원한 그림자가 생기게 하거나 퍼걸러를 설치하여 덩굴성 식물이 자라면서 그 아래 녹음이 제공되도록 한다. 또한 눈과 비를 막기 위해서는 야외용 파라솔을 이용하거나 지붕을 설치하면 더욱 아늑하고 편안한 분위기를 조성할 수 있다.

정원에 옥외 식당이나 거실로 꾸민 공간은 주택과 가까워야 이용하기 편리하며 부엌에서 쉽게 드나들 수 있는 곳에 위치하면 더욱 편리하다. 그리고 그곳에 편안한 야외 테이블과 의자들이 있으면 자연스럽게 정원으로 나가게 되고 그곳에서 쉴 수 있는 기회가 많아진다. 또한 규모가 큰 정원일 경우에는 주택과 떨어진 별도의 공간에 작은 건축물을 이용해 간단한 주방 시설을 갖춘다면 좀 더 여유로운 장소를 만들어 야외 식사를 즐길 수 있다.

이러한 장소는 상대적으로 사람들의 왕래가 빈번하게 되고 야외 테이블이나 의자가 놓여 있어 바닥이나 주변 시설물에 대하여 좀 더 신경을 써야 한다. 그래서 바닥은 목재, 판석 및 벽돌 등으로 포장하여 보행에 불편이 없어야 편안하게 이용할 수 있다. 이를 적절한 규모로 조성하면 잦은 왕래로 손상되는 잔디밭이나 화단의 피해를 줄일 수도 있다. 그리고 조각이나 장식 화분을 이용하여 주변을 꾸민다면 좀 더 아늑한 분위기를 연출할 수 있다.

▲ 건물의 처마를 길게 뽑아 야외 식당에 그늘을 만들었다. 그 앞에 잔디밭이 초록색 카펫처럼 깔려 있다. 오래된 고목의 등나무 잎이 처마 선을 따라 풍성하게 자라고 있다.

▲ 넓은 연못이 시원스럽다. 봄, 가을에 따뜻한 햇볕을 즐기고 여름에는 파라솔을 이용한다.
▼ 등나무 꽃이 퍼걸러를 뒤덮고 있다. 야외 식당에 앉으면 천장이 보라색 꽃이다.

◀ 잔디밭에서 한 단을 높인 테라스이다. 대가족이 이용할 수 있는 넉넉한 규모의 긴 테이블과 의자를 놓았다. 왼쪽의 큰 나무가 오후에 식탁에 그림자를 드리울 듯하다.

▶ 가벽을 이용한 아늑한 야외 식사 공간이다. 벽에 널판을 이용하여 긴 의자를 만들어 공간을 활용하였다. 가벽의 노란색이 경쾌한 분위기를 만든다. 그 위에 널을 올려 덩굴 식물을 올리고 있다.

▼ 작은 테라스에 2인용 테이블과 의자를 놓았다. 목재를 이용한 간단한 구조로 햇볕을 가리거나 비가 들이치는 것을 막기 위한 차양을 만들었다.

1.2 놀이 위주의 정원

잔디밭에서 공 하나를 쫓으며 자유롭게 뛰어 다니는 아이들의 웃음소리가 정원 가득 퍼진다. 또는 모래밭에서 열심히 성을 쌓거나 터널을 만들고 있는 어린아이의 모습은 진지하기만 하다. 이러한 모습을 바라보는 것은 정원을 갖고 싶어 하는 부모들의 소망 중에 하나일 것이다.

정원은 어른들이나 아이들 모두에게 실내가 아닌 야외에서 놀 수 있는 즐거운 곳이다. 어른들은 정원에서 산책을 하거나 간단한 골프 연습을 할 수도 있고, 아이들은 아무런 놀이기구 없이도 잔디밭에서 자유롭게 뛰놀 수 있다. 더구나 큰 나무 위에 오두막을 만들어 놓을 수 있다면 그곳에서는 아이들에게 흥미롭고 신나는 모험의 세계가 펼쳐진다.

놀이 위주의 정원은 이렇듯 가족을 위한 정원이다. 넓은 정원이라면 수영장, 야외 캠프장 및 어린이 놀이 시설 등을 두어 야외에서 즐길 수 있는 놀이를 계획한다. 이러한 정원은 어린이뿐만 아니라 특별히 운동 시간을 내기 어려운 바쁜 현대인에게 건강을 위한 운동 공간으로도 활용된다.

또한 정원은 가족이나 친지, 친구들과 야외 파티하기에 좋은 장소이다. 테라스나 넓은 잔디밭에 야외 테이블과 의자를 놓고 식사를 하며 자유로운 분위기로 많은 사람들이 함께 즐길 수 있다. 또한 해가 진 후에 정원에 적절한 조명시설을 갖추면 낮과는 또 다른 분위기를 만든다. 정원에서 한여름 밤에 아주 근사한 야외 파티를 계획할 수 있다. 더욱이 향기가 있는 식물들은 대부분 밤에 향기를 더 진하게 내기 때문에 파티의 분위기를 한층 더 로맨틱하게 만들어 준다.

이런 정원은 각 놀이의 종류와 시설물의 특징에 따라 디자인 단계에서 세심한 주의가 필요하다. 시설물에 따라 필요한 공간의 규모나 접근할 수 있는 동선 및 주변 식재를 고려하여 디자인하여야 한다. 또한 조용히 휴식하고 싶은 이웃 주민들에게 피해를 주지 않기 위하여 놀이 종류에 따라 발생하는 소음이나 시각적 노출을 고려하여 적절한 차폐가 필요하다. 특히 어린이들을 위한 놀이 시설은 안전사고에 유의하여야 한다. 되도록이면 어른들이 집안에서도 그들의 행동을 관찰할 수 있는 위치에 배치하는 것이 좋다. 또한 정원수 선정에 있어서 가시가 있어 사고 위험이 있는 식물이나 먹어보고 싶을 정도로 매력적인 열매가 달리는 독성이 있는 식물들은 피해야 한다.

▲ 수영장이 있는 정원이다. 주변에 높은 생울타리를 조성하여 주위의 시선을 차폐하였다. 상록수 위주의 식재로 물 위에 떨어지는 낙엽을 수시로 걷어내야 하는 번거로움을 피했다.

▶ 나무 위에 있는 오두막은 아이들을 위한 별장이다. 큰 고목과 재활용한 목재로 재미있게 집을 지었다. 높은 곳에서 창 넘어 먼 곳을 바라볼 수 있는 흥미로운 모험 놀이 공간이다.

▼ 취학 전 또는 저학년 아이들을 위한 모래밭이 있는 정원이다. 분홍 테이블과 의자는 작은 크기의 어린이용이다. 주변에 어른들이 휴식을 취하며 어린이들을 관찰할 수 있게 썬베드가 있다.

1.3 화훼 및 채소 정원

사람들은 예쁜 꽃을 보면 자연스러운 천연의 미소를 짓는다고 한다.
이러한 미소를 뒤센의 미소(Duchenne Smile)라고 한다. 1800년대 프랑스 심리학자 뒤센 드볼로뉴(Duchenne de Boulogne)의 이름을 딴 미소이다. 그는 사람들이 아름다운 꽃을 보면 자연스럽게 입술 근육과 함께 눈가의 근육이 움직이며 뺨 근육이 당기어 올라가는 것을 관찰하였다. 즉 꽃들이 사람들에게 인위적으로 만들어 낼 수 없는 자연의 미소를 짓게 만든다는 것을 발견하였다.

아름다운 꽃을 보면 기분이 좋아지고 미소짓게 되며 행복해진다는 것은 누구도 부인할 수 없는 일이다. 대부분의 사람들에게 정원에서의 즐거움은 단연, 정원에 활짝 피어 있는 아름다운 꽃들을 감상하는 것이다. 그리고 정원에서 과일이나 야채를 키워 신선하고 안전한 먹거리를 내 정원에서 직접 생산할 수 있다. 이는 건강한 삶(well-being)을 추구하는 이 시대에 온 가족이 함께하는 중요한 여가 활동이자 취미 생활이 되고 있다.

화훼 및 채소 기르기를 위한 정원은 꽃을 키우고, 과수 또는 채소를 기르는 작업 공간이기도 하지만, 자연에서 여유로운 시간을 즐기는 공간이기도 하다. 꽃과 잎이 매력적인 채소와 다양한 화훼류를 조화롭게 식재하여 그 아름다움을 즐기는 정원이다.

더욱이 화훼 정원은 하나의 예술 작업이라 말할 수 있다. 정원 디자이너들은 꽃들의 색깔과 크기 그리고 개화시기 등을 고려하여 한 폭의 그림을 그리듯이 아름답게 연출해 내고 있다. 또한 화훼 정원의 매력은 계절이 바뀔 때 뿐 아니라, 매일매일, 심지어 시시각각으로 빛과 그림자에 따라 꽃이나 잎사귀의 색깔이 계속 변화하는 데에 있다.

이런 용도의 정원은 비옥하고, 배수가 잘 되는 토양과 물 관리를 위한 급수시설이 필수적이다. 그렇지 않을 경우 화훼나 채소의 집중적인 재배를 위하여 화단을 조성하여 관리하기도 한다. 화단은 충분한 양의 햇빛을 받을 수 있는 장소에 조성하는 것이 좋다. 또한 필요에 따라 주변에 온실이나 창고를 두어 겨울철 추위에 약한 식물들의 관리를 위한 장소를 고려하여야 한다. 채소밭은 추수가 끝나면 나대지가 노출되어 삭막해 보일 수 있다. 이런 경우 키 작은 회양목이나 눈주목 같은 상록성 관목을 경계 부분에 줄지어 심거나 부분적으로 화단을 나누어 적절한 문양을 디자인하여 식재하게 되면 겨울철 수확이 끝나고 썰렁한 채소밭에도 생동감을 줄 수 있다.

▲ 정원에 작은 폭포를 만들고 주위를 숲 속 분위기로 조성하였다. 자연석을 배치하고 다양한 화훼류를 식재하여 자연의 한 장면을 연출하였다.

▲ 주택 정면에 풍성한 화단을 두었다. 실내에서도 가까운 거리에 있는 꽃들을 감상하고 즐길 수 있게 하였다.

▼ 연못이 있는 화훼류 중심의 정원이다. 다양한 수생식물과 주변의 화훼류가 연못을 따라 부드러운 곡선으로 자연스럽게 조성되었다. 긴 다리의 두루미 조각이 서있어 재미를 더한다. 전체적으로 여러 종류의 꽃이 있어 화려하게 보이지만 장미 위주로 식재하여 통일된 분위기를 만든다.

◀ 채소가 풍성하게 자라고 있는 텃밭과 그 뒤로 작지 않은 규모의 온실이 있다. 지금은 사용하지 않는 오래된 우물 옆에 클레마티스가 올라가고 디기탈리스가 꽃을 피웠다.

▶ 좌우대칭의 기하학적 문양으로 채소밭을 디자인하였다. 관리나 수확을 수월하게 하기 위하여 여유 있게 길을 만들었다. 덩굴성 채소를 위한 지지대는 가을이면 식물 터널이 될 수 있다.

▼ 정원의 대부분을 텃밭으로 사용하고 있다. 햇빛을 고려하여 키 작은 채소를 앞에 심었다. 맨 뒤는 단을 만들고 그 위에 채소를 심어 햇빛을 충분히 받을 수 있게 하였다.

1. 4 휴식과 사색의 정원

일상적인 생활에서 잠시라도 긴장을 풀고 휴식할 수 있는 장소가 있다면 다시 생기 넘치는 활력을 얻어 활기찬 생활을 할 수 있을 것이다. 게다가 어딘가에 조용히 앉아서 이런저런 생각을 하며 상념에 잠길 수 있는 곳이 있다면 아주 근사한 일이 아닐 수 없다. 그리고 그곳이 내 정원이라면 더욱 멋진 일이다.

이처럼 휴식과 사색의 정원은 편안하게 자연을 감상하면서 사색할 수 있는 공간으로 정신적인 휴식을 취할 수 있는 정원이다. 복잡하고 바쁜 삶을 살아가는 현대인에게 자연 속에서 초록색을 눈에 한가득 담으며 한가로운 시간을 보낼 수 있다면 이는 일상의 스트레스를 풀어낼 수 있는 최상의 방법일 것이다.

휴식하고 사색을 위한 정원은 화려하게 꾸며지기보다는 단아하고 정돈된 식물이나 구조물 및 장식물을 배치한다. 이것에 상징적인 의미를 부여하고 관망하면서 조용히 사색을 즐길 수 있는 정원이다. 이런 정원은 현대적 건축물과 잘 어울리며 예술의 한 장르인 미니멀리즘과 유사한 형식을 취하고 있다. 그래서 단아하게 잘 가꾸어진 정원의 멋진 디자인은 대지 예술 또는 환경 예술로 평가받기도 한다.

이러한 정원은 젠(Zen) 스타일의 정원이라고도 불린다. 젠 스타일은 정갈하고 고요한 느낌, 절제미 그리고 단순함을 추구한다. 이는 전반적으로 동양적인 간결한 여백의 미를 중요시하는 디자인 양식이며 전체적인 분위기는 정적이고 차분한 느낌을 주는 스타일이다. 젠 스타일은 건축 디자인이나 인테리어 디자인, 가구 디자인 그리고 패션 등 다양한 분야에서 이미 상용되고 있다.

젠은 선(禪)을 일본식으로 발음한 것으로 일본의 디자인 양식이 유럽으로 소개되면서 붙여진 이름이다. 이는 불교에서 수행 방법의 하나인 사유수(思惟修: 조용히 생각하는 것)라는 뜻의 선에서 출발하였다. 사유수, 즉 마음을 가다듬고 한 곳에 모아 정신을 통일하여 고요히 생각하는 것을 의미한다. 진정으로 행복할 수 있는 것은 자신의 자유로운 생각에서 시작된다는 동양 사상이 담겨 있는 정원이다.

정원 디자인은 깔끔하고 단순한 선을 기본으로 하고 있어 비교적 관리가 수월하다. 이는 현대인의 바쁜 생활에서 정원 가꾸기에 많은 시간을 투자하기 어려운 경우에 손쉬운 관리를 목적으로 조성하기도 한다. 또한 열악한 기후 조건이나 척박한 환경으로 정상적인 식물의 생육이 어려운 상황에서 조성하기도 한다.

▲ 정자에 앉아서 멀리 풍광을 바라보고 있으면 조용히 사색에 빠져들 수 있다. 수평으로 길게 놓인 낮은 담은 정원을 편안하게 만든다. 마당은 최소한의 식재로 비어두었다.

▲ 하얀 왕모래를 깔아 깔끔하게 정돈하였다. 조형미가 있는 두 구루의 나무가 사선 방향으로 앞과 뒤에 있다. 주변의 산만함을 줄이기 위해 흰색의 투시형 벽을 두르고 위요된 공간을 만들었다.

◀ 전통적인 일본식 정원 양식 중 하나인 가레산스이식 정원이다. 모래 위에 만든 줄무늬 문양은 바다를 상징하고 이끼가 있는 둥근 화단은 섬을 상징한다고 한다. 그리고 이를 바라보며 명상과 사색에 잠긴다.

▲ 잔디밭에 누워서 쉴 수 있는 썬 베드를 큰 나무 아래 두었다. 그곳에 누우면 초록색이 눈에 한가득 담긴다. 주변의 풀 내음과 꽃향기를 즐기며 한가로운 시간을 보낼 수 있다.

▶ 툇마루에 앉아 이끼 낀 정원을 바라본다. 이끼는 촉촉함과 포근한 느낌을 전한다. 그 위에 기와를 모로 세워 끼운 단순한 조형물이 있다. 마치 이끼 캔버스에 그림을 그려 놓은 듯하다.

▲ 의자는 '편안함'과 '쉼'의 이미지를 전한다. 정원에서 자연과 더불어 있으니 더욱 그 느낌이 강하게 다가온다. 큰 나무 아래 긴 의자를 놓았다. 주변의 생울타리는 위요된 느낌으로 아늑한 분위기를 만들고 있다.

◀ 다리를 올려놓고 편안히 휴식할 수 있는 의자이다. 쉽게 옮길 수 있어 이동이 가능하다. 넓은 잔디밭에 나무 그림자가 내려앉았다. 시원함을 더해 준다.

2단계 정원의 유형을 선택하자

2.1 현대식 정원
2.2 정형식 정원
2.3 낭만적 정원
2.4 야생 정원
2.5 한국형 정원

2단계   정원의 유형을 선택하자

1단계에서 우리 식구가 정원에서 즐기고 싶은 용도가 결정되면 2단계에서는 어떤 분위기로 어떤 스타일의 정원을 만들 것인지를 생각한다. 즉 내 정원의 유형을 선택하여야 한다.

사람들마다 취향이 다 다르다. 그리고 그 취향은 여러 면에 영향을 끼치게 된다. 어떤 스타일의 옷을 즐겨 입는지, 어떻게 집을 꾸미고 사는지 등 각자 자신의 취향을 반영하게 된다. 정원에서도 각자의 취향이 반영되는데 훨씬 더 많은 변수가 작용하기 때문에 좀 더 세심한 준비가 필요하다.

우선 내 정원을 직접 디자인하려면 자신의 취향을 알아야 한다. 대부분의 사람들은 자신의 취향을 아는 것 같아도 막상 표현하려면 망설여지는 경우가 많다. 정원에 대한 자신의 취향을 알려면 가능한 한 많은 종류의 정원을 보는 것이 좋다. 부분적으로 좋아하는 형태를 찾기보다는 전체적인 분위기를 파악하여야 한다.

기본적으로 당신의 취향이 직선과 분명한 땅 가름으로 깔끔하고 정돈된 분위기의 정원을 좋아 하는지, 아니면 정원 사이로 당신을 이끄는 부드러운 곡선의 산책로가 있는 자유스러운 분위기의 정원을 좋아 하는지 알아봐야 한다.

자신의 취향을 좀 더 사실적으로 알아보려면 주변의 다른 정원을 방문해 보거나 정원 서적, 잡지, 텔레비전 프로그램 등에서 다양한 유형의 정원을 찾아본다. 그리고 각 유형의 형태적 특징을 비교하여 본다. 그러면서 당신이 좋아하는 정원의 모습을 스크랩하거나 간단하게 그 내용들을 적어 둔다. 이는 그 정원에 대하여 분석하는 과정이다. 내가 보고 느낀 이미지를 해석하고, 해석된 내용을 나의 생각으로 새롭게 정리하여 두는 것이다.

그리고 그 스타일의 이미지를 잘 파악하여 당신의 정원에 응용하여 디자인할 수 있다. 그 이미지는 내 정원에서 또 다른 이미지를 만들어낸다. 비록 모방에서 시작하였지만 해석과 새로움을 가진 아이디어는 원래의 분위기와는 많이 다르게 된다. 왜냐하면 아이디어는 비슷하더라도 정원의 부지 형태나 자연 조건이 다르기 때문에 똑같이 보이거나 똑같은 느낌의 정원을 만들 수 있는 확률은 거의 없기 때문이다.

주의해야 할 점은 그 정원이 당신의 정원 규모나 기후와 어떤 차이가 있는지 검토하는 것이다. 만일 당신이 싫어하는 스타일을 보더라도 왜 마음에 안 드는지 분석해 보아야 한다. 그래야만 당신이 어떤 정원의 유형을 원하는지 더 잘 알 수 있게 된다.

대표적으로 정원의 유형은 크게 평면 기하학식 정원(French Formal garden)과 자연 풍경식 정원(English Landscape garden)으로 나눌 수 있다. 전자는 대칭적이고 기하학적 형태의 공간 배치와 정돈된 식재로 단정하고 엄격한 분위기를 연출하는 정형식 정원이다. 그에 비해 자연 풍경식 정원은 자연의 풍경을 내 정원으로 들여와 축소 또는 부분적으로 이용하여 한 폭의 풍경화를 보는 느낌으로 연출하는 정원이다.

이 2가지의 기본적인 정원 유형에 공간의 분할 형태나 정원수의 식재 패턴, 시설물의 선택 등으로 좀 더 다양한 정원의 유형이 더해진다. 또한 한옥의 전통 공간을 표현할 수 있는 한국형 정원을 포함하여 정원의 유형은 5가지로 분류할 수 있다.

2. 1 현대식 정원

모든 정원 스타일 중에 가장 오해하기 쉬운 스타일이다. 사람들에게 현대식 정원이 무엇이냐고 물어보면, 대부분은 직선을 이용한 깔끔한 선과 이국적인 식재 방식을 생각하고 있을 것이다. 그러나 현대식이라는 것은 우리가 살고 있는 이 시대를 반영하고 있는 유형이다.

정원에 쓰이는 재료의 발전이든, 집을 짓는 방법이나, 패션, 그래픽, 제품 디자인 등의 시각예술의 발전이든 현재 우리가 살고 있는 주위 환경에 만들어져 있는 형식이나 방식이 현대식인 것이다.

현대식 정원은 현대 주택에 잘 어울리고 요즘의 생활방식을 반영하는 정원의 유형이다. 정원의 분위기에 가장 큰 영향을 미치는 주택이나 건축물이 예전보다 단순하고 단아한 형태로 발전하고 있다. 이에 따라 정원의 형태도 현대 건축물과 어우러지게 기본적으로 단순함을 추구하면서 명확한 선, 기하학적 형태, 암시적인 색채 그리고 단아한 식재 패턴 등으로 미적 감각을 표출하고 있다.

또한 편리함과 합리성을 추구하는 주거 공간의 발전은 현대인에게 실내에서 많은 시간을 보낼 수 있게 하였다. 그래서 야외에서 지내는 시간이 짧아 졌고 상대적으로 사람들은 자연과 함께할 수 있는 옥외에서 여유 시간을 즐기고 싶어 한다. 주택 내부에서도 정원을 향하여 큰 창을 두어 정원에 있는 자연을 실내로 끌어들이고 있다.

이에 현대식 정원은 단순히 화단을 만들어 식물을 심는 곳뿐만 아니라 옥외 공간에 거실과 식당을 밖으로 확장시킨 공간으로 옥외 거실(outdoor living room)의 개념으로 이용되고 있다. 더욱이 정원에 조명시설을 하거나 겨울철 야외 테라스에 난방 기구를 이용하여 좀 더 많은 시간을 정원에서 지낼 수 있게 만들고 있다.

▼ 자연 자갈을 깔고 직선을 이용한 식재 패턴으로 깔끔한 문양을 만들었다. 그 위로 각도를 달리하는 두꺼운 널판의 다리를 놓아 변화를 주었다. 코르텐 스틸의 조각품도 주변과 어우러진다.

▲ 오래된 붉은 단풍나무 한 그루가 정원 전체를 끌어안았다. 수관폭이 넓게 펼쳐져 앉을 수 있는 공간에 지붕 역할을 하고 있다. 주변에 간결하게 정돈된 식재 패턴이 전체적으로 단아한 분위기를 만든다.

▼ 긴 직사각형의 연못과 크기와 모양이 같은 잔디밭을 대비시켰다. 두터운 경계선은 울타리까지 연장하여 올렸다. 이는 또 다른 직사각형을 만들고 생울타리와 어우러져서 모던한 환경 조형물이 되었다.

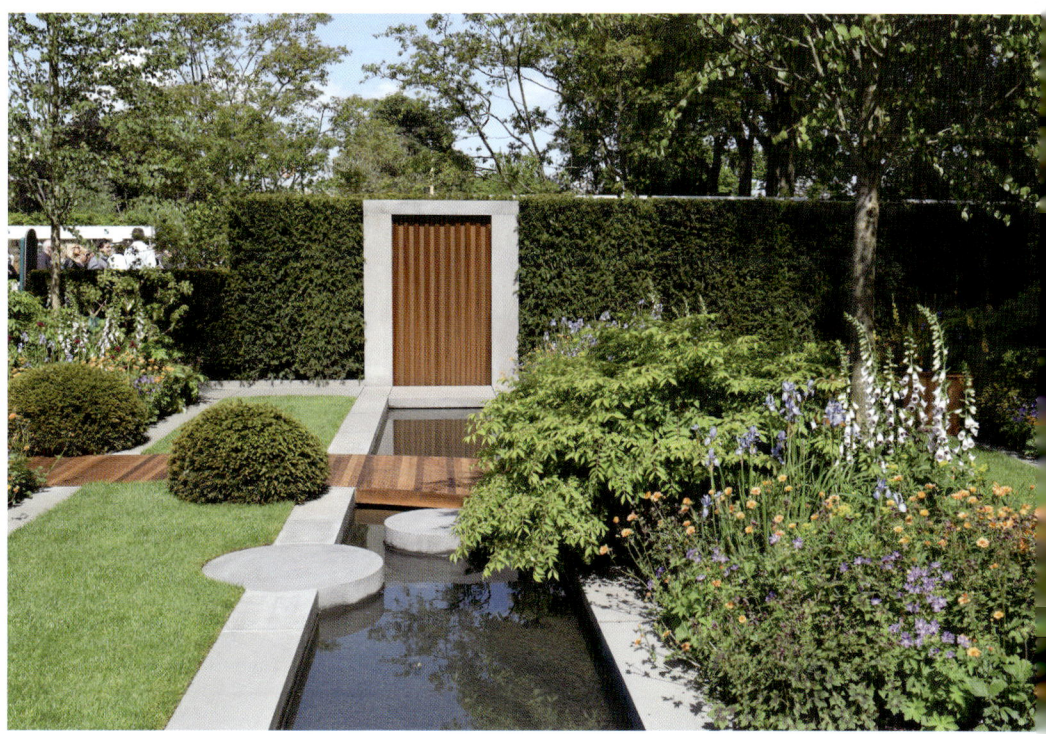

▶ 철판으로 화단 경계를 두르고 직선과 직선이 만나서 다양한 사각형을 만들었다. 사각의 연못 옆으로 앉을 수 있는 공간을 조성하고 유사한 패턴의 구조로 퍼걸러를 설치하였다.

◀ 눈주목을 다듬어 직육면체인 단순한 형태의 토피어리를 만들었다. 그 뒤로 줄기의 수직선이 강조되는 대나무를 밀식하였다. 대나무와 눈주목을 이용하여 정원 전체를 조형화하였다.

▶ 전체적으로는 삼각형과 사각형을 이용한 단아한 구성이지만 나뭇잎의 질감과 색의 조화가 두드러진다. 판석 포장은 마감을 다르게 하여 문양을 만들고 스테인리스 스틸로 만든 간결한 조형물은 벽천으로 청량감을 더한다.

2. 2 정형식 정원

정형식 정원은 전통적인 유럽의 평면 기하학식 정원을 현대의 정원 유형으로 발전시킨 것이다. 평면 기하학식 정원은 자연을 닮은 풍경식 정원과는 달리 자연을 강하게 컨트롤하는 정원의 유형이다. 대표적인 평면 기하학식 정원은 프랑스의 베르사이유(Versailles) 궁전의 정원이나 스페인 그라나다에 있는 이슬람 양식의 알함브라(The Alhambra) 궁전의 정원에서 볼 수 있다.

정형식 정원의 기본적인 디자인 요소는 기하학적인 선과 면을 이용하며 대칭과 반복 등의 패턴을 사용함으로써 정돈된 느낌과 엄격한 분위기를 연출한다. 일반적으로 중심부에 기본 축을 두고 이를 중심으로 좌우 대칭의 디자인 형태를 구성함으로써 안정감과 무게감으로 정원 전체에 통일감을 줄 수 있다.

정형식 정원의 특징은 전정이 가능한 수목으로 정원 전체의 선과 형태를 잡는다. 그리고 그 안에 연못이나 화단으로 정원의 면을 구성한다. 이 때 자유 곡선보다는 원형이나 사각형을 이용하여 기하학적인 선으로 디자인한다. 정원수는 주로 정돈된 수형의 상록수 위주로 식재하며 식재패턴은 열식과 군식을 이용하여 안정감 있는 분위기를 연출한다. 또한 화단에 눈주목이나 회양목을 이용하여 레이스 문양을 넣은 자수화단(Parterre)으로 간결한 분위기를 만든다. 화단 안에 마사토나 자갈을 이용해 문양을 강조하거나 화훼류를 식재하여 계절의 변화를 즐길 수 있게 한다.

이러한 정형식 정원은 낭만적 정원이나 야생 정원에 비해 상대적으로 작은 규모의 정원에서 단아하게 연출할 수 있다. 또한 비교적 관리가 까다롭거나 힘들지 않아 정원 가꾸기에 많은 시간을 투자하기 어려운 바쁜 도시 생활에 어울리는 정원이기도 하다.

◀ 주택의 모던한 이미지를 정원에 연계하였다. 길을 중심으로 좌우 대칭의 사각형의 화단을 조성하고 그 중 하나를 연못으로 만들었다. 연못은 잔잔한 수면을 유지하며 그 위에 건물이 투영된다.

◀◀ 정형식 정원에 많이 이용되는 토피어리(Topiery)이다. 회양목으로 오랜 기간을 정성 들여 일정한 모양으로 다듬었다. 물방울 모양, 낮은 울타리 그리고 원형으로 만들어 좌우대칭이 되게 배치하였다.

▼ 조형 분수와 수로를 이용하여 중심축을 만들고 화단을 좌우대칭으로 조성하였다. 정원 의자, 덩굴 식물이 타고 올라가는 오벨리스크(obelisk) 등의 시설물도 좌우대칭으로 배치하여 차분하고 안정적인 분위기를 만든다.

▲ 두 개의 원과 생울타리 앞에 놓인 정원 의자가 일직선상에 있다. 큰 원은 수련이 떠 있는 연못이고 또 하나는 조형물을 위한 원형의 좌대이다. 그 위에 해시계가 있다. 전체적으로 잔디를 깔아 부드러운 분위기이며 화단은 회양목을 이용하여 문양을 만들고 그 안에 그라스류를 시원스럽게 식재하였다.

▶ 기하학적 문양과 넓은 폭의 토피어리가 무게감을 준다. 토피어리로 다듬은 회양목의 초록색과 포장으로 사용한 샌드스톤의 베이지색이 강한 대비 효과를 낸다. 입구의 조각 또한 무게감이 있는 인체상으로 정원 전체에 통일감을 주고 있다.

▼ 세 개의 원을 이용한 디자인이다. 연못, 목재 포장 그리고 화단이 원형을 이루고 있다. 연못의 수생식물과 제라늄의 매스 식재 그리고 다간형의 마가목 줄기가 자유스럽다. 전체적으로 정형식 패턴이지만 식재로 부드러운 분위기를 만들었다.

2.3 낭만적 정원

낭만적 정원은 야생화 들판이나 자연의 풍경을 정원에 들여오는 자연 풍경식 정원이다. 이는 18세기 영국에서 시작하여 로맨틱 양식(Romantic Style)이나 코티지 양식(Cottage Style)으로 불리는 전형적인 영국식 정원(English Flower Garden)의 유형이다. 상대적으로 17세기 프랑스에서 유행한 평면 기하학식 정원의 인공적인 아름다움에서 벗어나 마치 자연 그대로의 모습을 정원으로 끌어들이는 듯한 정원 유형이다.

이 정원의 디자인 요소는 비정형적인 공간 분할과 곡선으로 부드럽고 자유로운 분위기를 연출한다. 즉 자연을 정원으로 들여오는 전원풍의 정원이다. 식재 디자인 또한 부등변 삼각형 식재 패턴이나 임의 식재 패턴을 이용하여 자연스럽게 한 폭의 풍경화를 보는 느낌으로 연출한다.

또한 목가적인 풍경을 위한 초화류 식재나 다양한 화훼류를 심은 혼합 화단, 구조물을 이용하여 자라는 덩굴성 식물 그리고 전통적 요소의 정원 첨경물 등을 배치하여 낭만적인 분위기를 연출한다. 또한 화단 사이에 자리 잡고 있는 파빌리온, 가제보 등의 정원 가구들도 자연소재를 이용한다. 정원 구조물도 목재나 자연석을 이용하는 것이 어울린다.

이런 자연스럽고 로맨틱한 낭만적 정원은 유지와 관리가 쉽지 않다. 화단 디자인이나 식재 디자인을 위하여 높은 수준의 화훼류에 대한 지식이 필요하며 이들을 혼합 식재하기 위하여 뛰어난 미적 감각이 요구된다.

하지만 낭만적 정원을 유지하거나 관리하기 위한 수고로움이 정원사에게 다양한 경험을 할 수 있게 한다. 이러한 경험을 바탕으로 정원사는 식물을 키우는 방법에 대하여 더 많은 지식을 얻을 수 있다. 이는 스스로가 알아낸 자신만의 노하우이다. 이러한 과정은 내 정원을 가꾸는 정원 마니아들에게 매우 보람 있는 일이며 더 큰 매력이 아닐 수 없다.

▲ 잔디밭 주변에 다양한 색의 꽃을 풍성하게 심었다. 꽃이 없더라도 잎의 질감과 색이 다양하여 화려하다. 화려함을 배경으로 정원에 놓여 있는 하얀 의자가 낭만적인 분위기를 더한다.

▲ 곡선으로 잔디를 깔아 자연스러운 길을 만들었다. 주변에 붓꽃이나 세이지를 큰 무더기로 식재하여 풍성하다. 투박한 원목으로 만든 퍼걸러에 흰색 줄장미가 자유로운 분위기를 연출하고 있다.

◀ 낭만적인 분위기를 연출하는 코티지 정원의 전형적인 모습이다. 집 주위에 다양한 화훼류가 혼합 식재되어 있다. 집으로 들어가는 길은 아치 형태의 장미 터널을 통과해야 한다.

▲ 부정형의 현무암 판석을 깔아 자유로운 분위기를 만들었다. 주위에 자연석을 놓아 돌 틈 사이에 심은 비비추, 돌단풍의 잎새가 시원스럽다. 라벤다, 솔채 그리고 매발톱의 꽃이 모두 보라색이다. 정원을 가로지르는 장식등이 낭만적이다.

▶ 목재를 이용한 길은 곡선으로 부드러움을 강조한다. 둥글게 조형한 회양목이 길 양쪽에 엇박자로 식재되어 리듬감을 만들어 내고 있다. 거실 앞은 다양한 초화류로 화려하게 장식하였다.

▶ 정원 가운데 나지막한 울타리는 장식물이다. 초봄에 잔디밭의 야생화는 그 울타리 넘어 초원을 연상하게 한다. 썬 베드에 누우면 눈높이로 아련히 야생화가 펼쳐진다.

2.4 야생 정원

야생 정원은 자연의 모습 일부분을 모방하거나 야생의 동물과 식물을 정원으로 끌어들여 자연스럽게 조성하는 유형이다. 이는 아마 인간이 자연을 울타리 안으로 끌고 들어와 정원을 만들기 이전에 존재하고 있던 아름다운 모습이나 개발의 손길이 닿지 않은 자연의 모습을 그리워하여 만들어진 양식일 것이다. 더욱이 요즈음 생태 정원이라는 이름으로 다시 우리 곁으로 다가오고 있다.

그리고 정원이 야생 동물의 새로운 안식처라는 인식이 늘어나면서 새 욕조, 먹이통 등을 배치하여 여러 야생 동물들을 정원으로 유인한다. 또한 개구리, 도롱뇽, 두꺼비가 살 수 있는 연못을 만들고 붓들리아, 꿀풀 등 꿀이 많은 꽃을 심어 벌과 나비가 날아오게 하여 친환경적인 정원으로 발전하고 있다.

여러 종류의 야생식물이나 동물들을 정원으로 불러들이기 위해서는 적절한 환경을 만들어야 한다. 즉 무성한 풀밭, 관목, 연못 및 습지 등 다양한 서식지와 풍부한 식량원을 갖추고 있어야 한다.

야생 정원은 넓은 부지에 조성되는 것이 좋으며 복잡한 도시보다는 주변에 자연과 쉽게 연계될 수 있는 전원 지역에 어울린다.

야생 정원이라고 그냥 방치해도 되는 것은 아니다. 야생 정원의 식재는 생태적으로 그 기후 및 토질에 맞는 식물들을 선택하여야 한다. 그리고 그 지배적인 환경조건에 잘 적응해서 서로 조화롭게 공존하고 무성하게 자랄 수 있는 식물 군락을 만들어야 한다. 그러므로 야생 정원의 경우 무엇보다도 적합한 수종 선택이 중요하다. 그리고 부지의 규모에 따라 다르겠지만 식물들이 적절한 규모로 자리를 잡을 때까지 충분한 시간과 세심한 관리가 필요하다.

▲ 노란색의 자연 자갈과 키 작은 그라스류가 건조 지역의 느낌이다. 그림자를 드리우는 해시계는 햇볕 이야기를 하고 있다.

▲ 자작나무로 작은 숲을 만들었다. 그리고 거친 쇄석을 깔아 화단을 만들고 그 사이에 드문드문 그라스류와 야생화를 자연스럽게 식재하여 야생의 멋을 연출하였다.

▲ 화단을 따로 구획하지 않았다. 주변은 바닷가이고 자갈밭이다. 주변의 자갈을 그대로 정원에 들여왔다. 키가 큰 관목이나 교목보다는 키 작은 초화류가 수평적인 바닷가 분위기에 어울린다.

▶ 판석과 쇄석을 이용하여 화단이 구획되어 있으나 경계를 넘나드는 아주가와 그라스류가 자유롭게 식재되어 있다. 저절로 자란 듯한 식재와 거친 포장 재료가 야생 정원의 분위기를 만들었다.

▲ 구부러진 황톳길에 띄엄띄엄 침목을 깔았다. 자유롭게 구부러진 나무줄기가 조형적이다. 주위에 다양한 초화류를 혼합 식재하여 자연스러움을 만들었다. 가벼운 느낌의 야외 테이블과 의자가 어울린다.

◀ 초화류를 무리 지어 식재하여 마치 들판에 흐드러지게 피어 있는 야생화를 연상하게 한다. 바크를 깔아 놓은 화단에 키 작은 붉은 장미 몇 그루가 집으로 들어가는 길을 안내한다.

2.5 한국형 정원

한국형 정원은 한마디로 한옥에 어울리는 정원이다. 하지만 산업화, 세계화로 1960년대 이후 우리의 주거생활은 빠르게 서구화되어 왔다. 요즘은 거의 한옥을 보기 어렵게 되었다. 이에 우리의 전통 정원 또한 사라지고 있는 것 같다.

한옥은 전국토의 2/3가 산으로 되어 있는 지형적 특성과 풍수설의 영향으로 배산임수(背山臨水)한 터를 좋은 주택의 입지 조건으로 잡았다. 이는 비탈진 산자락에 위치하여 바람이 잘 통하고 햇볕이 잘 들며 앞쪽으로 물이 흐르는 곳이다. 이러한 입지 조건은 정원에도 적절한 자연환경을 제공한다. 그리고 울타리를 두르고 마당을 두어 정원을 만들었다. 대지가 넉넉한 주택은 뒷산에서 흘러내려오는 계류를 이용하여 자연스럽게 연못을 만들고 정자를 두기도 하였다.

우리의 전통 정원은 마당을 중심으로 이루어진다. 마당은 건물과 건물 또는 담으로 둘러싸인 공간으로 일반적으로 네모반듯하고 단단하고 평평한 땅이다. 또한 건물에서 연장되는 누마루는 마당과 연계되어 정원과 주택이 하나가 되게 만든다. 마당은 비워서 넉넉한 분위기를 만들며 다양한 기능을 담아낸다. 그리고 뒷마당에는 사계절 아름다운 꽃과 향기를 제공하는 화단이 있는 후원이 있다. 후원은 배산임수의 지형에 따라 주택 뒤편의 낮은 언덕을 넉넉한 단으로 처리하여 화단을 조성한다. 이를 화계라 하며 초화류나 관목, 소교목을 심고 전통적인 구조물이나 괴석 등으로 장식한다.

한국형 정원의 전통적인 구조물은 장독대, 담, 굴뚝 그리고 연못 등이 있다. 특히, 연못의 형태인 방지원도(方池圓島)는 한국 전통 정원의 독특한 양식 중에 하나이다. 이는 연못의 윤곽은 땅을 의미하는 네모난 형태로 만들고 그 안에 하늘을 의미하는 둥근 섬을 배치하는 것이다. 동양의 우주관의 하나인 천원지방(天圓地方:하늘은 둥글고 땅은 네모나다)에 근거한 우리나라 고유의 정원 기법이다. 또한 네모난 연못 형태는 음이 되고, 둥근 섬은 양을 상징하는 것으로 음양이 결합하여 만물이 생성된다는 음양설과도 일치하는 것이다.

한국형 정원의 유형은 아직 분명하게 정립되지는 않았지만 전통 정원에서 볼 수 있는 네모반듯한 마당, 방지원도, 정자 그리고 화계 등 형태가 단아하고 간결하다. 이는 현대의 모던한 건축물과도 잘 어울린다. 이러한 디자인 모티브들을 더욱 가꾸고 발전시켜 활용한다면 한옥에서 느낄 수 있는 정원의 맛과 멋을 계승해 나갈 수 있으리라 생각한다.

더욱 중요한 것은 우리 선비들은 인간의 본성을 자연에서 찾으려는 생활 철학과 자연의 순리를 따르는 자연관을 갖고 있었다. 이는 현대인이 정원에서 추구하고 싶어 하는 정원의 본질과 상통하는 이념이다. 우리는 이 시대에 한국형 정원의 유형을 만들어 나가고 있다. 이때 우리의 정원에 선비의 정신을 함께 담아내어야 할 것 같다.

▲ 사각의 연못에 둥근 섬이 있는 방지원도이다. 한국 전통정원에 있는 연못 형태로 땅은 네모나고 하늘은 둥글다는 우주관에서 왔다. 낮은 담으로 둘러싸인 정원에 우주를 들여놓았다.

▲ 화강석으로 거칠게 다듬은 디딤돌로 소로를 만들었다. 입구에 익살스러운 표정의 벅수가 서있는 소박한 모습의 정원이다. 주변에 조릿대를 식재하여 거친 모습을 부각하였다.

▲ 정원의 경계 쪽으로 낮은 동산을 만들고 소나무를 심었다. 언덕 아래로 계류를 두어 자연의 풍광을 정원으로 들여왔다. 소나무 사이 장독을 놓아 한옥 뒷마당의 정서를 느끼게 한다.

◀ 마당으로 길게 열려있는 툇마루는 마당과 집이 하나 되게 한다. 소나무 한 그루를 마사토 위에 심었다. 장대석을 이용한 폭넓은 화단 경계가 한국 전통 정원의 화계를 연상하게 한다.

참고 1   주제가 있는 정원

정원의 양식은 기본적으로 기하학식 정원, 자연풍경식 정원 등 외형적인 형태를 중심으로 분류되지만 특별한 성격이나 목적에 따라 주제가 있는 정원들이 있다. 이를 <테마 정원>이라고 부른다. 그 주제가 식물 위주인 장미원, 허브 가든, 이끼정원 등이 있으며 서식 환경에 따라 암석원, 용기정원 그리고 특별한 목적이 있는 레인가든, 커뮤니티 가든 등이 있다.

1. 장미원(Rose Garden)
장미원은 장미를 주제로 꾸미는 정원이다. 장미는 꽃을 대표할 정도로 많은 사람들의 사랑을 받는 꽃이다. 이러한 인기는 원예 기술의 발달로 더 아름답고 향기로운 다양한 장미의 품종을 육종하게 되어 수많은 새로운 품종들이 개발되었다. 이러한 장미는 단일 품목으로 정원을 꾸밀 수 있을 정도로 꽃의 크기, 모양 그리고 색상이 다양하다.

2. 허브가든(Herb Garden)
허브(Herb)란 잎이나 줄기 또는 뿌리가 식용과 약용으로 쓰이는 식물의 총칭이다. 허브 가든은 이러한 허브를 위주로 식재하는 정원이다. 이는 허브를 재배하여 그 향기나 맛을 이용하여 차나 음식의 조미료로 활용할 수 있는 실용적인 정원이다. 그 역사는 중세 유럽 수도원의 약초원으로 시작하였으며 동서양을 불문하고 식물원의 기원은 약초원에서 시작된 곳이 많다.

3. 이끼정원(Moss Garden)
이끼는 습한 땅, 바위 위, 썩은 나무, 나무줄기 등에서 잘 자라는 양치식물이다. 주로 습하고 석회분이 많은 토양에서 잘 자라며 그늘이 조성되어 있는 곳을 좋아한다. 주변에는 주로 이끼와 어울리는 음지 식물 위주로 식재하여 정원을 조성한다. 차분하고 촉촉한 이끼정원은 정원을 감상하는 사람에게 신비감과 심리적 안정감을 주고 있다.

4. 키친가든(Kitchen Garden)
키친 가든이란 이름 그대로 부엌에서 요리하는 채소를 주로 기르는 정원으로 채소원이라 부르기도 한다. 채소원은 단순하게 신선하고 안전한 먹거리를 얻기 위한 텃밭 개념을 넘어 키 작은 관목이나 꽃을 감상할 수 있는 초화류를 함께 심어 화단을 만든다. 또한 겨울철 수확 후에 삭막함을 줄이기 위해 경계부에 회양목, 눈주목 등을 이용하여 자수화단을 만들기도 한다. 채소

잎의 색, 형태 그리고 질감을 고려하여 디자인함으로써 정원으로서의 아름다움까지 연출한다.

5. 암석원(Rock Garden)
암석원은 일정 공간에 크고 작은 바위와 돌을 이용하여 꾸민 정원이다. 주로 모래땅에 바위나 돌 등을 자연스럽게 배치하고 그 사이 사이에 고산식물이나 다육식물을 위주로 식재한 정원이다. 이는 건조한 기후 조건이나 급수가 어려운 곳에 조성하며 고산지대의 풍경을 감상할 수 있는 정원이다.

6. 레인가든(Rain Garden)
레인 가든은 빗물 정원이라고도 한다. 이는 상대적으로 포장 면이 넓은 도시에서 표면수의 유실을 줄이고 홍수를 예방하기 위한 물 순환 시스템의 하나로 시작 되었다. 저수조인 연못을 만들어 빗물을 유보시키고 서서히 배출시키며 그 주변에 수질 정화 능력이 있는 식물을 식재한다. 정원에서도 낮은 곳에 연못을 만들어 빗물을 활용하면 효율적인 물 관리를 할 수 있다.

7. 커뮤니티 가든(Community Garden)
커뮤니티 가든은 특정 지역에 사는 주민들이 공동체를 만들어 꾸미는 정원이다. 주말농장이나 도시농업과는 다른 의미이며 주로 주민간의 교류가 어려운 도심지역에 있다. 이는 주민들이 자치적으로 화단이나 텃밭을 가꾸며 지역 녹화를 실현할 수 있다. 그리고 더 큰 의미는 정원을 주민들이 모이는 마을 공동체의 소통 장소로 활용하는데 있다.

8. 용기 정원(Container Garden)
용기 정원은 용기에 식물을 심어 조성하는 정원이다. 컨테이너(Container) 가든이라 부르기도 한다. 테라스, 발코니 그리고 실내 등과 같이 땅에 직접 식물을 심을 수 없는 곳에 용기에 흙을 담아 정원을 만든다. 이는 좁은 공간에 적합하며 이동이 가능하여 다양하게 정원을 연출할 수 있다. 용기의 재료는 석재, 목재, FRP, 테라코타, 콘크리트 등이 있다.

3단계 부지의 조건을 조사하자

3.1 지형
3.2 기후
3.3 토양
3.4 주변 풍경
3.5 부지 측량

3단계 부지의 조건을 조사하자

1단계에서 나와 우리 가족이 원하는 정원의 용도가 정해지고 2단계에서 취향에 따라 대략의 정원 유형이 결정되었으면 이제 직접 내 부지에 정원을 디자인하기 시작한다.

정원을 디자인하려면 기초 작업이 필요하다. 우선 부지의 상황이 어떤지 조사하여야 한다. 정원으로 꾸미려는 곳 뿐만 아니라 먼저 정원이 위치한 주변 지역의 상황을 조사하여야 한다. 즉 이웃과의 관계, 주변의 도로 상황, 마을이나 지역의 자연환경과 기후 조건 그리고 건축법상의 제한조건 및 문제점 등 가능한 모든 상황을 조사한다. 또한 주변 지역에서 어떤 나무나 꽃들이 자연 상태에서 무성히 잘 자라고 있는지 조사한다. 이는 식재 디자인에서 정원수 선택에 중요한 자료가 된다.

정원 부지는 논과 밭이 있던 평지, 언덕이나 계곡을 끼고 있는 경사지, 강가, 바닷가 등 다양한 자연 지형에 위치한다. 이러한 지형 조건은 내 정원으로 불어오는 바람의 방향, 지표면에 흐르는 우수의 흐름 그리고 채광 조건 등에 영향을 주게 된다.

또한 내 정원 안에서 땅의 모양과 경사도, 계절별 일조량과 빛의 방향 그리고 기후 등이 파악되어야 한다. 토양은 습한지 건조한지 또는 비옥한지 척박한지 등의 조건을 알아야 한다. 식물은 작은 정원 안에서도 어느 장소에서는 잘 자라고 어느 장소에서는 잘 자라지 못한다. 그 원인은 주로 토양과 장소에 따른 미기후의 차이가 있기 때문에 세심한 조사가 필요하다.

이러한 조사 과정을 통하여 부지의 특성, 문제점 그리고 내 정원의 잠재력을 파악할 수 있게 된다. 이러한 기초 자료의 조사는 정원을 멋지게 디자인하고 효율적으로 공사하는데 중요할 뿐만 아니라 실패를 최소화할 수 있다.

조사한 자료들은 꼼꼼히 기록하며 필요에 따라 부지의 특정한 위치에 표시해 놓을 필요가 있다. 그러므로 이러한 부지의 상황을 기록하거나 표시하기 위해서 적당한 규격의 도면이 필요하다. 이 도면은 정원을 디자인하기 위한 기초 도면이 된다.

이 기초 도면을 만들기 위하여 정원 부지의 현재 상황에 대한 측량이 필요하다. 다행히 새로 건축한 주택의 경우 건축 설계 도면이나 허가를 위한 서류 중에 부지 경계선이 있고 주택의 평면이 그려진 도면이 있으면 그것을 이용하면 된다. 그렇지 않을 경우 직접 내 정원을 실측하여 기초 도면을 만든다.

또한 부지의 조건을 조사하면서 정원의 사진을 찍어 두면 좋다. 정원의 모습은 사진의 앵글로 보면 육안으로 볼 때보다 객관적으로 볼 수 있다. 또한 세부적인 부분을 더 정확하게 관찰할 수 있다. 특히 부분적인 개조를 할 경우 시공 후에 <전>과 <후>의 변화를 비교하여 장점과 단점을 찾아낼 수 있다.

정원을 꾸미는 일은 디자인이나 공사가 한 번에 완성되는 작업이 아니다. 정원은 계절마다 변하고 해마다 변화한다. 또한 정원수가 자라고 그곳에서 놀던 아이들도 자란다. 매년 커지는 정원수는 언젠가 다른 장소로 이식해야 할 경우도 생긴다. 때로는 아이들이 크거나 유행이 바뀌어서 대대적인 정원의 변화를 시도하기도 한다. 그래서 변화하는 정원을 찍어 놓은 사진은 그 과정을 보여줄 뿐만 아니라 내 정원의 역사에 대한 기록이 된다.

3.1 지형

정원을 디자인하기 위해서 내 정원 부지의 자연환경에 대한 여러 가지 조건을 이해하여야 한다. 자연환경은 지형, 햇빛, 기후, 토양 그리고 주변 경관 등이 서로 영향을 미치게 된다.

지형은 부지의 형태, 건축물의 향과 위치 그리고 부지의 경사도 등이며 이를 조사한다. 부지의 형태는 다양하다. 다행히 정사각형에 가까우면 디자인하기에 수월하지만 긴 직사각형이나 삼각형일 경우 공간 계획을 하는 땅 가름이 까다로워진다. 또한 부지의 형태는 인접한 도로와의 관계와 도로에서 연결되는 진입로를 파악하게 한다. 그러면 주차장을 만들기에 적절한 위치와 대문의 위치를 결정할 수 있다.

건축물의 향과 위치를 조사하면 정원에 내리쬐는 햇빛의 방향, 우세한 바람의 방향 등을 알 수 있다. 또한 건축물의 위치에 따라 부지 내에 매설되어 있는 급수, 배수, 도시가스선 등 지하 시설물의 위치가 파악된다. 땅속에 묻혀 있는 시설물은 정원 공사 중에 파손될 염려가 있기 때문에 기초 도면에 정확하게 매설 위치를 표시하여 두어야 한다. 지상에 노출되어 있는 전기선, 통신선 및 전봇대 등도 시각적으로 문제가 되는 부분이 있는지 면밀히 조사하여 정원 디자인에 반영한다.

또한 건축물은 전체 부지에서 시각적으로 가장 크고 영향력 있는 조형물이나 마찬가지이다. 주택의 유형과 건축 양식 그리고 외관 재료의 색깔과 질감 등을 파악하여 정원 디자인에 고려해야 한다. 또한 창문과 현관문 그리고 정원으로 열리는 문들의 위치와 사용 빈도, 개폐 방향 등을 확인한다. 이는 정원에 원활한 동선을 계획하기 위해서 확인해 두어야 한다. 그리고 각 창문을 통해 실내에서 바라다 보이는 외부의 조망을 파악하여 디자인에 반영한다. 이는 실내에서 창틀을 통해 정원에 펼쳐지는 생동감 있는 모습을 집 안으로 들여올 수 있기 때문이다.

지형 조사에서 부지의 전체적인 경사를 분석한다. 경사는 땅의 높은 곳과 낮은 곳의 차이로 기울어진 정도이다. 눈으로 확인하기 어려운 기울기도 비가 내리거나 눈이 녹을 때 지표수의 흐름으로 부지의 경사도를 알 수 있다. 이때 지표면에 물이 흐르는 방향과 장마철에 물이 고이는 장소 등은 식재 디자인에 중요한 자료가 된다. 또한 경사도의 분석으로 단차를 극복할 수 있는 계단이나 옹벽 등 필요한 장소에 구조물을 계획한다. 흙으로 덮여 있는 화단의 경우 어느 정도의 경사도를 두어도 되지만 보행 동선이나 테라스는 편안하고 쾌적하게 계획하여야 한다.

3.2 기후

기후는 기온, 비, 눈, 바람, 햇빛 따위의 대기(大氣) 상태이다. 이러한 기후 조건은 내 정원에 적합한 정원수를 선택하는데 매우 중요한 역할을 한다.

햇빛은 정원수의 생육에 필수적이다. 정원에서 햇빛이 잘 드는 곳과 그늘이 지는 곳을 조사하여야 한다. 그리고 같은 장소에서도 햇빛의 양은 오전, 정오, 오후가 다르고 계절에 따라 다르다. 정원에는 햇빛으로 그림자가 만들어 진다. 이는 시간과 계절에 따라 다르고 변화한다. 더구나 큰 나무나 울타리 등 수직적 방해물이 있을 경우 태양의 이동에 따라서 그림자의 위치가 변한다. 또한 큰 나무의 그림자는 뚜렷한 윤곽으로 잔디밭에 내려앉아 멋진 비워짐과 채워짐을 연출할 수 있다. 정원에 들어오는 빛의 양과 질은 투시형 울타리를 통과할 경우와 막힌 담장이 있을 경우가 다르다. 더욱이 주변에 건축물이나 구조물이 있을 경우 그 표면에서 반사하는 반사광도 있어 세밀한 조사가 필요하다.

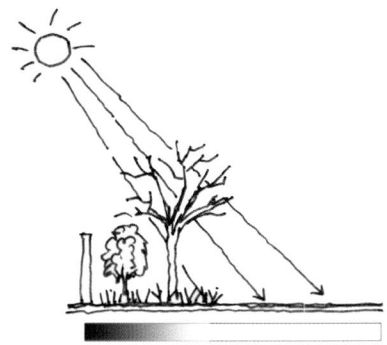

겨울철

기온은 그 지역에서 예상되는 최저기온을 알아야 한다. 식물은 생장 가능한 최저 온도가 있으며 이를 식물의 내한성이라고 한다. 우리나라의 경우 지역별 식생대는 크게 중부 지역과 남부 지역으로 나누며 내한성이 약한 식물들은 중부 지역에서 생육이 어렵다. 대지의 남쪽 사면이나 숲이나 담장으로 위요된 곳은 북쪽 사면이나 골바람이 통과하는 통로보다 따뜻한 기온을 유지한다.

눈과 비의 양은 지역별로 평균치를 조사한 자료가 있다. 하지만 주변의 지형에 따라 부분적으로 안개가 많이 끼어 습한 지역이 있고 바람이 통과하는 곳으로 수분 증발이 많은 건조한 지역이 있다. 또한 처마 밑이나 건축물 주변에 이슬이나 비가 내리지 않는 곳이 있어 특별히 건조한 부분을 확인하여야 한다.

여름철

- 계절에 따른 일조량 -

이러한 여러 가지 조건으로 부지의 기후는 정원 내에서도 많은 차이가 있을 수 있기 때문에 정원수의 생육에 큰 영향을 미치게 된다. 이러한 미세 기후는 면밀히 조사하여 정원수 디자인에 반영하여야 한다.

3.3 토양

토양은 식물체를 고정시키고 양분과 수분을 공급하여 주는 생존을 위한 터전의 역할을 한다. 토양의 기초적인 검사는 손으로 만지어 모래 함량과 수분의 정도에 따라 구분할 수 있다.

토양의 종류는 토양을 구성하는 성분에 따라 사토(砂土, sand soil), 양토(壤土, loam), 점토(粘土, clay)로 분류한다. 이는 토양 입자의 함유 비율에 따라 토양의 종류가 결정된다. 토양을 구성하고 있는 입자는 크기에 따라 2mm 이하를 모래라 하며 0.002 mm 이하를 점토 또는 진흙이라고 한다.

사토는 마사토라고도 하며 점토 함유량이 20% 이하, 모래 함유량이 80% 이상인 토양이다. 이는 초화류의 배양토나 삽목의 용토로 많이 이용된다. 하지만 사토는 일반적으로 지온이 높고 입자 간격이 넓으므로 건조하기가 쉽고 보수력과 보비력이 떨어지므로 전원에서 이용하려면 수분과 거름을 충분히 보충하여 주어야 한다. 적절하게 관리되는 사토에서는 일반적으로 식물의 생육이 빠른 편이다.

점토는 60% 이상의 점토와 40% 이하의 모래를 함유한 토양이다. 그러므로 거의 일 년 내내 수분을 함유할 수 있지만 건조한 날씨에 딱딱하게 굳어지거나 갈라질 수 있다. 하지만 상대적으로 보수력과 보비력이 좋아 온실의 토양이나 화분에 쓰는 토양으로 적합하다. 이때 배수가 나쁘므로 유기질 비료인 두엄 같은 거친 거름을 쓰면 배수에 도움이 된다.

양토는 50% 정도의 점토와 50% 정도의 모래를 함유한 토양이다. 이 토양은 일반적으로 보수력, 통기성, 보비력이 좋다.

내 정원의 토양은 구역에 따라 차이가 있다. 예를 들어, 나무 밑에는 부엽 물질이 쌓여 있어 보습효과가 있어 점토 성분이 많을 수 있으며 경사지는 표면수의 흐름으로 점토 성분이 유실되어 모래 성분이 많을 수 있다. 그래서 정원의 여러 군데에서 토양을 채취하여 조사하여야 한다.

토양을 조사하는 간단한 방법은 표면에서 10~20 cm 깊이의 토양을 모종삽으로 두세 군데 채취하여 조사한다. 채취한 흙을 손으로 한 줌 움켜쥐었다 펴보면 흘러내리거나 덩어리로 뭉치는 정도에 따라 사토와 점토의 비율을 판단할 수 있다.

손바닥으로 꽉 짜서 약간 큰 덩어리가 되면 그 토양은 점토일 것이다. 그 반대로 손가락 사이로 반 이상이 흘러내리면 모래 성분이 많은 사토에 가깝다. 두 경우의 중간 정도가 모래와 진흙 성분이 적절히 배합된 양토이다.

토양이 사토에 가까우면 물이 빨리 빠져나간다. 이때 토양의 유기물이 함께 빠져나가기 때문에 척박한 토양이 된다. 점토질 토양은 수분을 유지할 수는 있지만 배수에 문제가 생겨 식물의 뿌리가 썩을 수 있다. 장마철이 긴 우리나라의 경우 토양의 배수는 급수보다 더 중요한 문제이다.

더욱이 논으로 사용되었던 땅을 대지로 바꾼 경우는 특별한 주의가 요구된다. 정원 표면의 토양이 양토일지라도 땅 속에는 점토로 구성되어 있어 토양의 통기성 및 배수성에 문제가 있을 수 있다. 이런 경우 유공관을 이용하여 지하 배수로를 매설하는 등 적절한 배수 시설을 갖추어야 한다.

3. 4 주변 풍경

주변 풍경은 거실이나 실내에서 바라다 보이는 정원 넘어 부지 밖의 풍경과 정원의 주요 위치에서 보이는 울타리 밖에 있는 풍경이다. 이를 조사하여 디자인에 반영한다. 이때 외부에서 바라보는 내 정원의 모습도 조사하여야 한다. 풍경은 주변의 풍경이 내 정원에 영향을 미치기도 하지만 내가 디자인한 정원이 주변의 풍경에 영향을 미치기도 하기 때문이다.

이때 주변에 있는 좋은 풍경은 잘 활용하면 정원 디자인에 또 하나의 중요한 요소가 될 수 있다. 하지만 가려야 할 만큼 눈에 거슬리는 풍경도 있다. 이런 풍경이 시선을 사로잡아 정원의 전체적인 분위기를 망칠 수도 있다. 이렇듯 좋은 풍경, 나쁜 풍경의 조사는 매우 중요하다. 이를 면밀하게 조사하여 기초 도면에 기록하여 정원 디자인에 반영하여야 한다.

주변 풍경을 조사하여 매력적인 풍경을 내 정원에 끌어드릴 수 있다면 상대적으로 넓고 멋진 정원을 즐길 수 있다. 다시 말하면 앞산의 능선이 정원의 배경이 된다거나 내 정원에서 멀리 보이는 강물이 내 정원의 일부가 되어 감상할 수 있다면 최고의 정원 디자인을 이끌어 낼 수 있다. 또한 담 넘어 이웃집에 있는 몇 그루의 소나무가 내 정원의 소나무들과 어우러져 작은 소나무 숲을 만들어 더욱 풍성한 정원을 디자인할 수도 있다.

이러한 주변 풍경의 조사는 내 정원의 모습이 울타리를 넘어 주변 풍경과 어우러지게 할 뿐만 아니라 반대로 울타리 너머에 있는 풍경을 내 정원으로 끌어들일 수 있는 것이다. 이러한 디자인 방법은 경관을 빌려 온다는 뜻으로 차경(借景) 수법이라고 하며 우리나라 전통 정원의 디자인 요소 중에 하나이다.

3.5 부지 측량

정원 디자인을 하기 위하여 기초 도면(Base Map)이 필요하다. 기초 도면은 정확한 부지의 크기, 부지의 경계, 주택의 위치, 기존 수목 그리고 전기, 가스, 상수도와 같은 기반 공급 시설 등이 표시되어 있는 도면이다. 즉 정원의 현재 상태가 그려져 있다. 그 위에 정원을 디자인하면서 공간의 크기, 구조물의 위치 그리고 정원수의 식재 위치를 디자인하여 그려 넣는 것이다. 기초 도면을 여러 장 준비하여 여러 형태의 디자인을 시도하고 대안을 만들어 장점과 단점을 비교해 볼 수 있다. 또한 구조물의 규모나 식재를 위한 식물의 수량 등을 계산하는데 편리하다.

기초 도면을 만들기 위해서는 미리 만들어진 건축설계도면이나 토목설계도면을 이용할 수 있다. 하지만 기존의 도면은 건축공사나 토목공사를 하면서 설계도와는 달리 조금씩 변경되는 경우가 많아서 반드시 현황과 일치하는지 검토하여야 한다. 부지 현황을 알 수 있는 도면이 없을 경우에는 토목 측량 사무소에 의뢰하여 부지 경계선, 등고선, 지정점 레벨, 건물의 위치, 기존 수목 등이 표시된 현황측량도를 준비하는 것이 좋다.

하지만 위와 같은 정확한 측량도가 없는 경우나 기존의 정원을 부분적으로 바꾸고 싶을 경우에는 스스로 간단하게 기초 도면을 만들 수 있다. 우선 구청이나 군청에서 발부하는 지적도 등본을 이용하면 부지의 경계를 알 수 있다. 지적도는 토지의 소재, 지번, 지목, 경계 등이 표시되어 있는 도면이다. 즉 대상 토지의 모양과 경계선이 그려진 평면도이다.

기초 도면은 지적도를 적당한 비율로 확대하여 이용할 수 있다. 도면은 위에서 수직으로 내려다보는 모습을 종이 위에 그리는

① **방위:** 지적도는 위쪽이 북쪽이며 부지의 방향을 이와 일치시킨다.
② **축척:** 1:1200의 축척은 지적도 상의 1cm가 1,200cm(12m)이다.
③ **지적 경계선:** 부지의 외곽선으로 인접한 토지와의 경계선이다.

것이다. 부지 전체를 실제 크기로 그리기 어려워 적당한 크기로 줄여서 그린다. 이때 줄이는 비율을 축척이라고 한다.

우리나라 지적도의 축척은 1:600이나 1:1,200으로 되어있다. 즉 1:600의 축척은 1cm가 600cm인 6m이며 1:1,200은 12m라는 의미이다. 이를 1:60, 1:100, 1:200 등 정원의 규모에 맞게 확대하여 기초 도면을 만든다. 예를 들어 20m x 30m인 부지를 1:100의 축척으로 그리면 도면에 20cm x 30cm의 크기가 되고 1:200의 축척으로 그리면 도면에 10cm x 15cm의 크기로 그리게 된다.

지적도에 표시되어 있는 축척에 따라 실제 크기를 계산하고 이를 다시 적절한 축척으로 조정한다. 그러면 취급하기 편한 크기로 부지 경계선이 그려진 기초 도면이 된다. 그리고 경계선만 그려진 도면 위에 실제로 측량을 하여 현황을 그려 넣는다.

부지에서 치수를 재는 방법으로는 목측(目測), 보측(步測), 실측(實測)이 있다. 목측은 눈으로 거리를 어림잡아 치수를 정하는 방법이고 보측은 자신의 발걸음으로 대략의 거리를 재는 방법이다. 실측은 자나 측량기로 정확히 재는 방법이다.

목측은 눈대중으로 거리를 짐작하는 것이므로 정확하지는 않다. 그리고 목측으로 거리를 측량한다는 것은 쉬운 일은 아니다. 하지만 일정한 면적을 눈대중으로 기억해 놓으면 그 면적을 기준으로 추정할 수 있다. 예를 들어 우리가 흔히 볼 수 있는 옥외 공간에 있는 주차장의 크기를 기준으로 비교하면 편리하다. 옥외 주차장은 보통 한 대를 세우는 면적이 2.5m x 5m이다. 이를 기준으로 대상지를 2배, 3배. . . 등으로 예측하면 된다.

보측은 자신의 보폭의 길이를 이용하여 보폭 x 걸음 수로 산정하는 것이다. 자신의 보폭을 알기 위해서는 10m 길이를 정하여 두고 자연스럽게 그 사이를 걸어서 걸음 수를 센다. 같은 방법으로 5번 정도 왕복하여 그 평균치를 계산하면 자신의 보폭 길이를 알 수 있다. 평균적으로 성인 여자의 경우 55~65cm 정도이며, 성인 남자의 경우 65~75cm이다. 즉 보폭이 70cm인 경우 열 걸음의 거리는 7m이다. 자신의 보폭 길이를 알아 두면 정원 투어나 정원 답사 시 참고할 만한 부분을 현장 스케치나 개략 도면을 그리는데 도움이 된다.

실측은 부지를 직접 도구를 사용하여 정확하게 측량하는 방법이다. 우선 측량을 시작하려면 줄자, 직각자, 수평기, 줄과 핀 등의 실측을 위한 도구가 필요하다.

① 수순기
② 줄자(대)
③ 줄자(소)
④ 줄과 핀
⑤ 직각자

- 측량 도구 -

측량을 시작하려면 기준점(①)이 있어야 한다. 기준점은 최대한 넓은 지역을 장애물 없이 거리를 잴 수 있는 곳으로 한다. 보통 건물의 모서리 부분에 기준점을 잡는 것이 좋다. 그리고 이 기준점에서 건물의 한 변을 직선으로 연장하여 부지의 경계 지점까지 기준선(②)을 만든다. 그리고 기준선을 따라 줄을 띄워 놓고 서너 군데 핀으로 고정한다.

그 다음 보조선(③)을 만든다. 보조선은 측량할 목표 지점에 핀을 꽂고 핀에 줄을 고정하여 기준선까지 연장한다. 이 보조선은 기준선과 직각을 이루게 조정한다. 이때 직각자를 이용하면 편리하다. 그리고 목표 지점에서 기준선까지 보조선의 수직 거리를 잰다.

그리고 보조선과 기준선이 만난 지점에서 기준점까지의 거리를 잰다. 즉 목표점이 기준점에서 가로로 어느 정도 떨어졌고 세로로 어느 정도 떨어진 거리인지를 측량할 수 있다. 또한 경사진 지역은 수평 거리를 잰다. 종이 위에 그리는 도면은 평면이므로 경사면의 길이가 아니라 수평면의 길이를 그려 넣는다. 이 때 수평기를 이용한다.

이러한 방법으로 부지를 측량하여 부지 경계, 건축물 위치, 출입구 및 기존 수목 등을 도면에 그려 넣으면 정확한 기초 도면을 완성할 수 있다.

기초 도면이 완성되면 부지 조건의 조사 내용을 도면에 표시한다. 그러면 좋은 경관과 좋지 않은 경관, 음지와 양지의 구역, 바람의 방향 등 부지의 현황을 한눈에 볼 수 있다. 이는 정원 디자인하는 과정에서 땅 가름을 하거나 구조물을 계획하고 정원수를 디자인하는데 도움이 된다.

정원을 디자인할 때, 입체적으로 스케치를 하기도 하지만 면적과 거리를 정확히 반영하기 어렵다. 반면 측량을 바탕으로 종이 위에 평면 작업으로 도면을 그리면 여러 가지 대안을 만들어 비교하기 쉽다. 또한 이를 기준으로 만든 기본 계획은 정원 공사를 할 때 대략의 공사비를 예측할 수 있는 견적을 만들 수 있다. 즉 도면에 의해 정원수의 수량, 포장 및 잔디 면적 등 재료의 물량을 정확하게 산출할 수 있어 예산을 세울 수 있다.

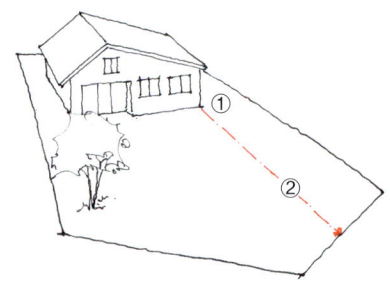

1. 건물의 모서리 부분에 기준점(①)을 잡는다. 이 기준점에서 건물의 한 변을 직선으로 연장하여 부지의 경계 지점까지 연장하여 기준선(②)을 만든다.

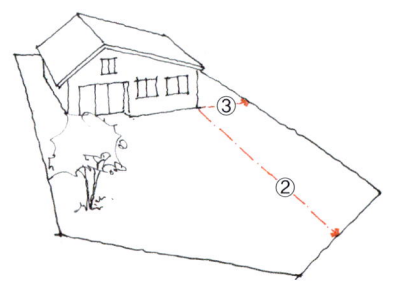

2. 기준점에서 직각 방향으로 경계 지점까지 첫 번째 보조선(③)을 만든다.

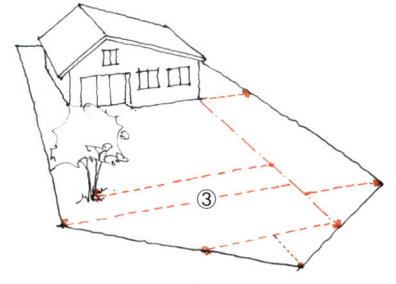

3. 측량할 목표 지점에 핀을 꽂아 줄을 띄워 기준선까지 도달한다. 그리고 여러 개의 보조선을 이용하여 목표 지점을 측량한다.

■ 기초도면(Base Map) 그리기

1. 지적도나 건축설계도면에서 부지의 경계를 확인한다. 적당한 크기의 도면을 만들기 위해 부지 규모에 맞는 축척을 정한다. 축척에 맞게 부지의 경계선을 축소 또는 확대한다. 또는 축척 대신 실제 거리를 비교할 수 있는 바스케일(bar scale)을 그려 넣을 수 있다. 이 때 주변 도로도 함께 그린다. 즉 기초 도면 위에 부지 경계, 방위, 축척 그리고 주변 도로를 그린다.

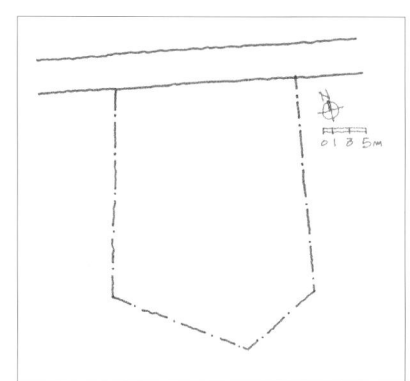

2. 실측한 주택의 외곽선을 방위에 맞추어 기초 도면 위에 배치한다. 그리고 축척에 맞게 조정하여 부지 안에 그려 넣는다. 정원으로 향한 주택의 모든 창문을 표시한다. 정원 디자인을 하면서 큰 나무가 창문을 가리거나 창문을 통해 보이는 좋은 경관을 놓치지 않기 위함이다.

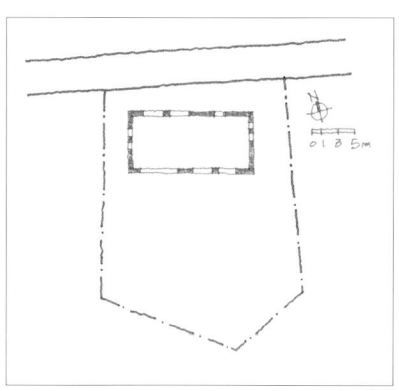

3. 대문의 위치나 현관 출입문, 창고 출입문, 주차장 출입문 등 정원으로 연결되는 문을 표시한다. 또한 기존 구조물이나 기존 수목 등 존치하여야 하는 현재 상황을 그려 넣는다. 그리고 이 기초도면에 지형, 기후, 토양 그리고 주변 풍경에 대하여 조사한 부지의 조건들을 기록한다. 이를 기본 계획에 반영한다.

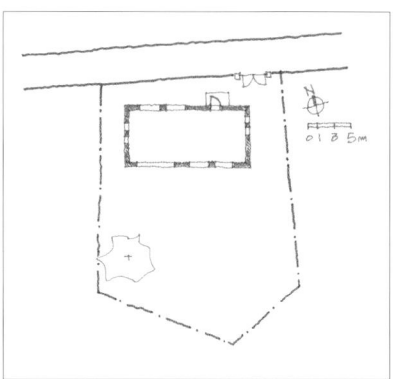

4단계 땅 가름을 시작하자

4.1 공간 계획
4.2 동선 계획
4.3 기본 계획

4단계 땅 가름을 시작하자

땅 가름은 내가 만들고 싶었던 정원의 디자인을 도면 위에 그려 넣는 작업이다. 3단계에서 만든 기초 도면에는 방위, 부지경계, 건축물 위치, 기존수목, 전기, 가스, 상수도 같은 기반 공급시설 그리고 주변 환경에 대한 정보가 기록되어 있다. 이 도면 위에서 필요한 공간을 생각하고 이를 연결하여 길을 만든다. 공간 계획으로 면을 만들고 동선 계획으로 선을 그려서 기본 계획도를 만드는 단계이다.

필요한 공간을 만드는 정원의 땅 가름은 바로 주택에 있어서의 방의 배치와 같은 것이라고 할 수 있다. 안방, 거실, 부엌 등이 서로 연결되어 배치되어 있듯이 정원에서도 필요한 공간이 유기적으로 배치되어야 한다. 1 단계에서 결정한 용도에 따라 필요한 공간을 결정하고 대략의 면적을 생각한다. 몇 가지 공간이 면으로 만들어지면 공간과 공간을 연결해 주는 동선이 필요하게 되고 이는 선으로 그린다.

정원은 항상 주택과 연계되어 있기 때문에 정원 자체의 땅 가름뿐만 아니라 주택의 주요 부분과 연결되는 상황을 고려하여야 한다. 대문과 현관의 위치, 거실에서 보이는 정원의 부분, 주택의 창문에서 보이는 정원의 부분 등이 각 공간에서 검토 되어야 한다. 또한 용도에 따라 땅 가름된 각 공간은 자연스러운 동선으로 연결되게 한다. 이로써 계획된 공간의 기능이 충분히 발휘되는 결과를 얻을 수 있다.

어느 정도 땅 가름이 완성되어 필요한 공간과 동선이 결정되면 각 공간에 내가 스크랩하거나 메모해 두었던 이미지들을 담아 본다. 기본 계획이 시작되는 것이다. 그리고 각 공간의 위치를 바꾸어 여러 가지 방법으로 재구성하여 비교하여 본다. 기본 계획은 정원 디자인의 골격을 만드는 과정으로 가장 합리적으로 고려되어야 한다.

■ 땅가름을 위한 체크리스트

1. 바비큐장 ☐
2. 테라스 ☐
3. 잔디밭 ☐
4. 화단 ☐
5. 채소밭 ☐
6. 주차장 ☐

7. 모래밭 ☐
8. 연못 ☐
9. 수영장 ☐
10. 온실 ☐
11. 빨래 건조장 ☐
12. 장독대 ☐
13. 개집 ☐

14. 퇴비장 ☐
15. 창고 ☐
16. 쓰레기 수집장 ☐

4.1 공간 계획

정원에서 공간 계획은 테라스, 잔디밭, 텃밭 그리고 화단 등 필요한 공간을 계획하고 그 규모와 크기에 따라 적절하게 땅 가름을 하는 것이다. 마치 실내에서 공간의 용도와 성격에 따라 안방, 거실, 부엌 등으로 공간을 나누는 것과 같다.

우선 필요한 공간의 항목을 정한다. 그리고 각 공간의 개략적인 면적을 예측하여 다이어그램을 그린다. 이 단계에서 각 공간을 이동하여 적절한 배치를 구상한다. 그리고 여러 대안들을 비교해 볼 수 있다. 인접하는 공간에는 서로 공유할 수 있는 기능을 배치하여 효율적으로 이용한다. 꼭 필요한 공간은 부지의 지형조건과 맞지 않더라도 적절한 기능을 발휘할 수 있게 배치한다. 이는 5단계 구조물 계획에서 계단이나 옹벽 등으로 보완할 수 있다.

각 공간의 위치와 형태는 정원의 전체적인 디자인을 좌우한다. 주로 넓은 잔디밭을 중심으로 테라스, 연못, 화단 등을 서로 연계하여 적절히 배치하며 텃밭은 특별한 경우가 아니면 수확이 끝난 겨울철 모습 때문에 별도로 배치하는 것이 좋다. 각 공간은 식재로 벽을 만들어 아늑하게 독립적인 분위기를 조성하거나 시원스럽게 열린 공간을 만들면 주변 공간을 아우를 수 있다. 이때 스케치나 메모해 두었던 아름다운 정원의 이미지들을 각 공간에 담아 본다.

그리고 공간 계획은 디자인을 확정하기 전에 2~3개의 대안을 만들어 가족들의 의견을 듣고 가장 바람직한 안을 선택하여야 한다. 더욱이 계단이나 테라스와 같은 구조물이 시공되는 공간은 신중하게 결정하여야 한다. 한 번 시공되면 화단에서 정원수를 옮겨 심는 경우와는 다르게 변경하기 어렵기 때문이다.

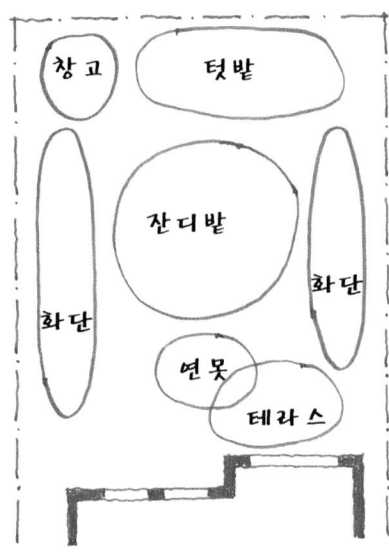

1. 기초 도면에 필요한 공간의 항목과 계획하고 있는 면적을 고려하여 다이어그램을 그려 넣는다.

2. 공간에 필요한 조건과 다른 공간과의 관계를 고려하여 각 공간을 이동하면서 적절한 위치를 찾는다.

3. 공간과 공간의 연결을 물 흐르듯이 배치하여 공간의 형태나 크기보다는 대략의 위치를 정한다.

4.2 동선 계획

동선 계획은 공간 계획에서 결정된 공간과 공간을 연결하는 단계이다. 즉 대문에서 현관까지의 길, 부엌문에서 텃밭으로 가는 길, 텃밭과 퇴비장 그리고 쉼터로 가는 길 등이 있다.

이런 길들은 각각의 시점과 종점을 정하여 이 두 지점을 연결하고 자연스럽게 이동 방향을 제시하여야 한다. 대문에서 현관, 주차장에서 현관 그리고 부엌에서 텃밭으로 가는 길은 최대한 짧은 거리로 이동할 수 있게 한다. 산책하는 길이나 테라스에서 잔디밭을 지나 화단의 꽃들을 살펴보기 위한 길은 여유 있게 돌아서 가도 된다. 이러한 길들의 길모퉁이는 예리한 각도로 꺾어지는 길은 피해야 한다. 정원 관리를 위한 외발이 수레나 잔디 깎는 기계를 끌고 다니기에 불편함이 없어야 하기 때문이다.

적절한 동선이 계획되지 않으면 사람들은 빠르게 단거리로 이동하려고 한다. 이런 행동은 화단이나 잔디밭에 지름길을 만들고 부분적으로 손상시키는 경우가 있다. 이런 경우 지름길로 빠지려는 부분에 낮은 관목을 식재하거나 조금 큰 돌을 놓아 심리적으로 장애요인을 만들어 주기도 한다.

동선 계획은 그 중요도나 빈도에 따라 주 동선과 보조 동선으로 분류하여 계획한다. 이런 분류에 따라 정원의 길들은 폭 뿐만 아니라 포장 재료도 달리하여 보행 느낌이나 시각적 차별로 그 성격을 감지할 수 있게 하는 것이 좋다. 또한 동선을 따라 걸으면서 시야에 펼쳐지는 경관의 조망, 초점 그리고 높이의 변화 등을 고려하여 계획하여야 한다. 동선이 길 경우 중간에 쉴 수 있는 장소를 만들거나 경관을 감상할 수 있는 곳을 만들면 더욱 자연스럽게 정원을 즐기고 감상할 수 있게 된다.

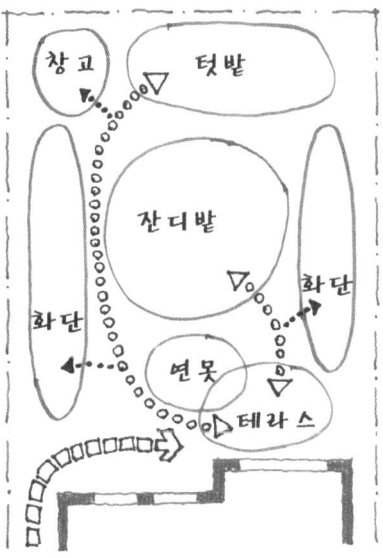

 1. 통행 빈도가 가장 높은 대문이나 주차장에서 현관으로 가는 동선을 우선적으로 계획한다.

 2. 정원에서 주동선이라 할 수 있는 테라스에서 텃밭이나 잔디밭으로 가는 동선을 계획한다.

 3. 1이나 2의 동선으로 연결되며 통행의 빈도가 비교적 낮은 동선이다.

4. 3 기본 계획

기본 계획은 공간 계획과 동선 계획에 따라 땅 가름이 되면 계략적인 정원수를 계획하여 전체적인 디자인을 결정하는 것이다. 이는 5단계의 구조물 계획이나 6단계의 정원수 디자인이 진행되는 동안 보완되거나 수정되는 일이 있지만 정원의 실질적인 모습을 도면 위에 표현하여 기본 계획도를 만든다.

공간 계획에서 원이나 타원으로 표시된 윤곽선은 기본 계획에서 포장 지역이나 잔디 지역으로 경계가 결정된다. 그리고 울타리나 계단 같은 구조물의 형태와 윤곽은 좀 더 구체적으로 규모와 치수를 계획한다. 이때 각 구조물의 재료나 질감 등 세부적인 사항에 얽매이기보다는 적정 규모를 생각하는 것이 중요하다.

또한 정원수도 식재 위치에 따라 수목의 크기와 형태를 고려하여 크게 상록수, 낙엽수, 관목 등으로 구분하여 기본 계획을 한다. 이 때는 주로 정원수의 기능적 역할을 고려한다. 각 수목의 세부적인 수량, 수종, 규격은 5단계에서 좀 더 자세하게 취급하고 여기서는 구상하고 있는 전체적인 식재의 개념을 표현한다.

기본 계획에서 가장 중요한 디자인 원리는 질서, 통일 그리고 조화이다. 질서는 각 공간의 형태나 흐름이 전체적으로 자연스럽게 배치되어 시각적으로 편안함을 만드는 것이다. 통일은 다양한 구성 요소들 간에 연관된 어떤 조직화이다. 각각의 요소들은 따로 분리되어 있지만 전체적인 분위기는 하나의 개념으로 느껴지도록 하는 것이다. 그리고 조화는 다양함과 변화 속에서 구성 요소들 사이에 이루어지는 상호 관계이다. 서로가 분리되거나 배척하지 않고 보완 관계를 유지하여 어울리는 것을 말한다. 이러한 디자인 원리는 기본 계획에서 종합적으로 고려하여야 한다.

기본계획도는 3단계에서 작업된 부지 경계와 건축물이 표시된 기초 도면 위에 만든다. 이는 적절한 표현을 위하여 기초 도면을 축소 또는 확대하여 보기 편한 크기의 축척으로 조정한다. 축척은 도면에 그리는 거리와 실제 거리와의 비율이다. 일반적으로 600 제곱미터 이하의 정원일 경우 A4 용지에 그리기 위해 기본 계획도를 1:50~1:60 축척을 이용하며, 그 이상의 면적일 경우 1:100~1:300의 축척으로 하거나 A3 용지를 이용하여 도면을 그리면 무난하다.

그리고 구상하고 있는 계획을 도면 위에 효과적으로 그려 넣으려면 일정한 간격의 격자 선을 이용하면 편리하다. 예를 들어 격자한 눈금의 크기를 1미터라고 설정하고 각 공간의 크기와 위치, 정원수의 배치, 구조물의 크기를 그려 넣으면 비교적 정확하게 표시할 수 있다. 또한 도면을 그릴 때 정원수나 구조물, 포장 등을 실제 형태로 정확하게 표현하는 것은 불가능하기 때문에 간략하게 기호화해서 비슷한 크기로 도면 위에 표기한다.

기본 계획도가 완성되면 그 도면이 대상지에 실제로 적용할 수 있는지 현장에 나가서 직접 확인해 볼 필요가 있다. 구조물의 규모, 정원수의 크기와 위치 등을 가늠해 보아야 한다. 특히 식재의 경우 생장 속도가 빠른 정원수의 위치는 시야를 차단하거나 원하지 않는 새로운 공간을 형성할 수 있다.

그 밖에도 정원 공사를 위해서는 각 구조물이나 시설물에 대하여 좀 더 상세한 도면이 필요하다. 제작을 의뢰할 경우 구조적인 문제점이나 재료의 선택에 있어서 시공 경험이 많은 전문가로부터 조언을 듣고 몇 가지 대안을 받아 보는 것도 좋다.

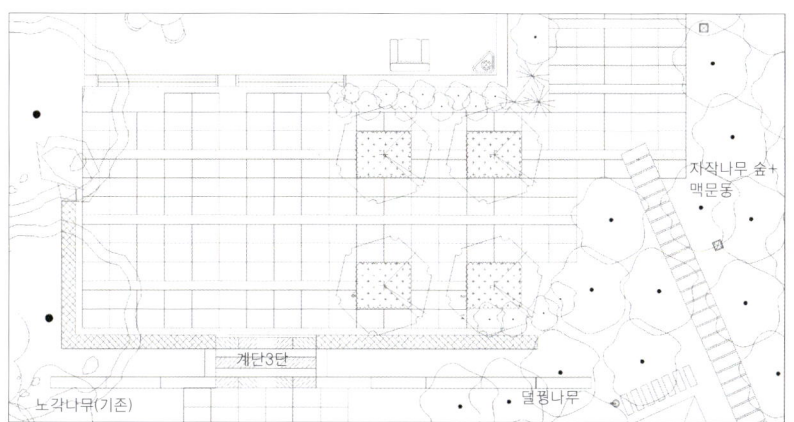

◀ CAD(computer-aided design) 작업으로 그린 기본 계획도

▼ 사각의 화단을 판석 포장 중간에 두고 줄기가 여러 개인 다간형의 마가목을 심었다. 포장 일부에 간격을 띄우고 길게 잔디를 심었다.

■ **기본계획도 그리기**

1. 필요한 공간을 계획한다. 공간 계획에서 필요한 공간이 확정되면 각 공간의 면적을 예측하여 다이어그램으로 대략의 위치를 잡는다.

2. 합리적인 동선을 계획한다. 공간과 공간을 연결하는 동선을 그리고 주 동선과 보조 동선의 폭을 고려하여 정원의 길을 확정한다.

3. 전체적인 디자인의 형태를 검토한다. 공간 계획과 동선 계획에서 만들어진 면과 선이 2단계에서 결정한 정원의 유형에 맞는지 확인한다.

4. 정원에 필요한 구조물을 계획한다. 이는 3단계에서 조사한 지형과 비교하여 필요한 부분에 계단이나 경사로, 옹벽 등을 계획한다.

5. 공간과 구조물 계획을 도면에 그려 넣는다. 길, 잔디, 포장, 테라스 등 면으로 처리된 부분을 아래의 도면 기호로 그려 넣는다.

6. 정원수를 디자인한다. 정원수의 수종을 정하기보다는 필요한 위치에 우선 교목을 배치한다. 그리고 상록수와 낙엽수를 분류하여 도면 기호로 그린다. 관목이나 초화류는 수종이나 수량을 고려하지 않고 면적 중심으로 위치를 잡는다.

7. 기본 계획의 대안을 만들어 비교한다. 2~3개의 대안을 그려 장점과 단점을 비교하여 최종 안을 결정한다.

도면 기호

기호	종류	예시	기호	종류	설명
	낙엽 교목(대)	벚나무, 목련, 감나무, 단풍나무…		잔디	
	상록 교목(대)	주목, 섬잣나무, 소나무…		포장 1	벽돌 및 돌포장
	낙엽 교목(소) / 관목(대)	산수유, 앵두나무, 수수꽃다리, 무궁화…		포장 2	콘크리트 포장
	낙엽 관목(군식)	철쭉류, 진달래, 화살나무, 모란…		목재 데크	
	상록 관목(군식)	옥향, 회양목, 눈주목…		디딤돌	

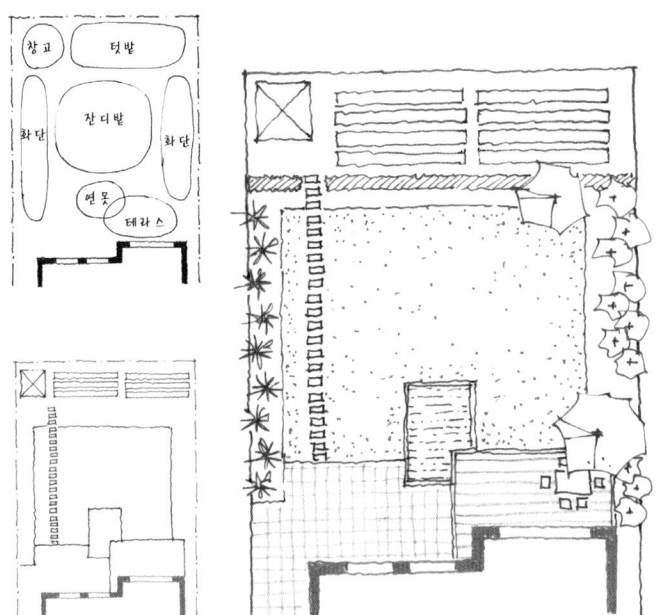

대안 1.

직선을 이용한 기본계획도이다. 잔디밭을 최대한 넓게 배치하고 사각형의 선을 살렸다. 텃밭으로 가는 동선은 잔디밭 위로 디딤돌을 놓았다. 직사각형의 테라스 주변에 사각형의 연못을 겹치게 배치하여 시각적으로 안정감을 주는 디자인을 하였다.

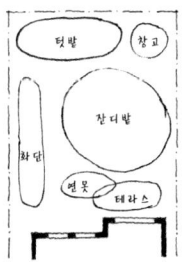

대안 2.

곡선을 이용한 기본 계획도이다. 원형의 잔디밭을 중심으로 디자인하였다. 테라스에서 시작하는 동선은 곡선을 따라 텃밭과 창고에 이른다. 대안1 보다 화단을 넉넉하게 배치하였다. 연못의 형태는 테라스의 원을 확장하여 부분적으로 이용하였다.

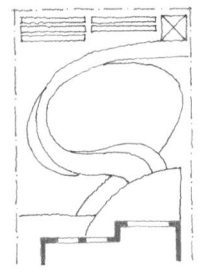
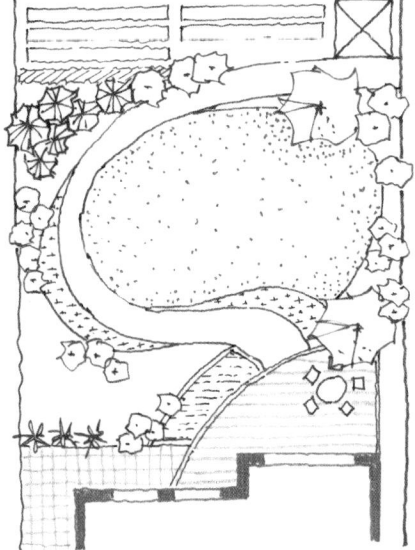

사례 1 성북동 정원

* 도시에 있는 작은 정원이다. 부지의 면적은 약 280㎡이며 대부분이 건축면적이다. 주변에 주택이 빼곡히 있어 주변 경관은 이용하기 보다는 차폐하여야 한다. 더욱이 부지가 경사진 곳이라 도로에 면한 쪽에 주차장을 두어 전정은 인공 지반이다.

* 한정된 공간에서 상대적 크기를 이용하여 정원이 깊고 넓게 보이도록 구상한다. 다행히 건물 사이에 중정이 있어 실내에서 바라볼 수 있는 작은 정원을 회화적으로 연출한다. 주차장 상부의 인공 지반인 부분에 적절한 토양을 채우고 배수 문제를 해결한다.

1. 부지 분석

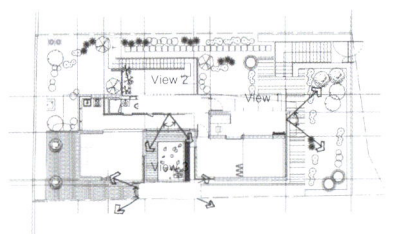

View 1 :
주변 주택들이
복잡하게 노출 되어 있음

View 2 :
건축물 사이의 오픈 공간으로
세심한 계획이 요구됨.

View 3 :
건축물 담장 사이의
협소한 공간.

2. 기본구상

■ 통과 동선과 연계하여 다양한 관목류로 계절감을 느낄 수 있게 함

다목적 이용이 가능한 여유 공간

■ 중정(Courtyard Garden)으로 회화적 연출

■ 안뜰의 개념으로 감상하고 휴식 할 수 있는 정원

■ 담장과 건축물 사이의 협소한 공간을 이용하여, 부지내 Green Mass 형성

3. 기본계획

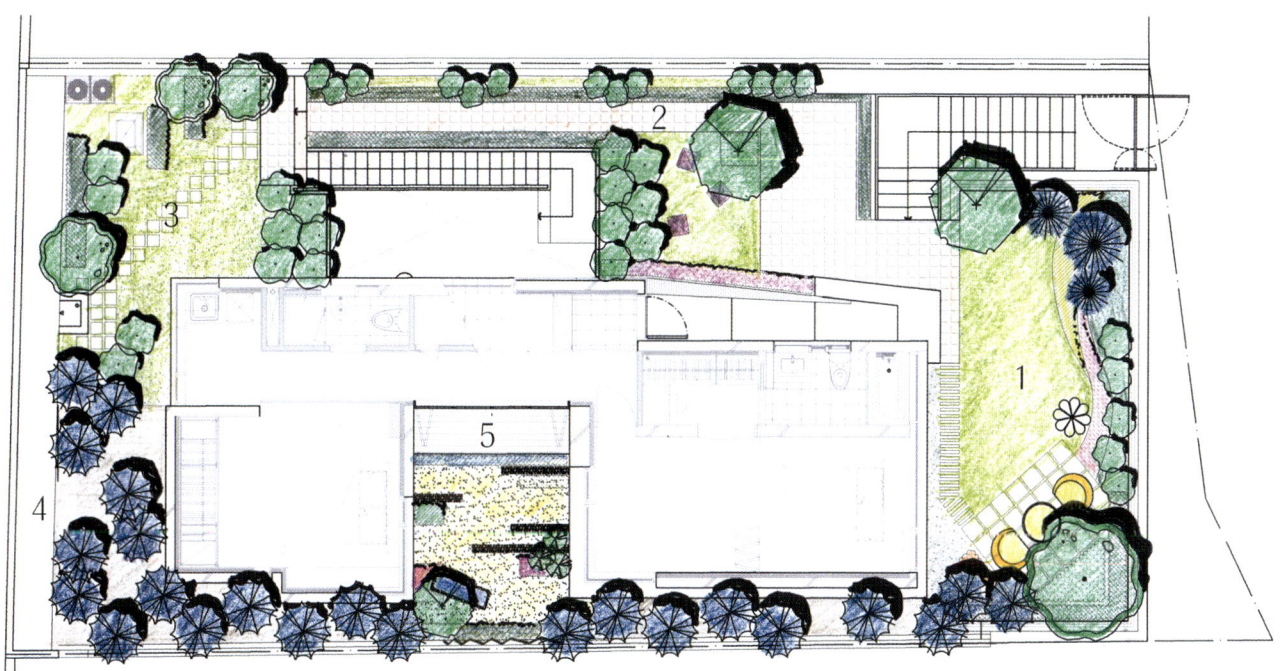

1. **전정** - 잔디밭과 계절 초화류 그리고 녹음수 아래 Tea Table을 놓을 수 있는 테라스 조성.
2. **소로와 조각원** - 소로를 따라 다양한 관목류로 계절감을 느끼며, 소품 조각이 있는 작은 정원.
3. **후정** - 뒷뜰 개념의 여유공간으로 식재는 최소화하여 구조물만 차폐함.(작은 채소원으로 활용 가능).
4. **잣나무 작은 숲** - 잣나무 단일 수종으로 Mass처리하여, 겨울철 부지 전체에 생동감을 줌.
5. **중정** - Modern한 회화적 개념의 정원(Alt.1)과 옥외 거실 개념의 정원(Alt.2)을 구성함.

사례 2 문호리 정원

* 북한 강변에 있는 부지 면적 약 660㎡의 아담한 전원주택이다. 강이 직접 내려다보이지는 않지만 강 건너 보이는 풍광이 아름답다. 부지는 평탄하며 'ㄱ'자 형태로 두 채의 건물이 있다. 한 채는 창고로 쓰던 건물인데 의뢰인은 다른 용도로 쓰고 싶어 한다.

* 주택의 규모와 배치 상태를 고려하여 아담한 정원을 구상한다. 정원을 관리할 시간이 부족하다는 의뢰인의 요청으로 교목과 관목 위주로 식재한다. 창고 건물은 벽을 철거하여 정원을 향해 두 면이 트인 야외 거실을 만들어 적극적으로 활용한다.

1. 부지 분석

View 1 : 정원 규모에 비해 넓은 별채의 적절한 활용이 요구됨.

View 2 : 강 건너 멀리 보이는 산세가 좋은 경관을 이룸.

View 3 : 오래된 생울타리가 주변의 풍광을 차단함.

2. 기본구상

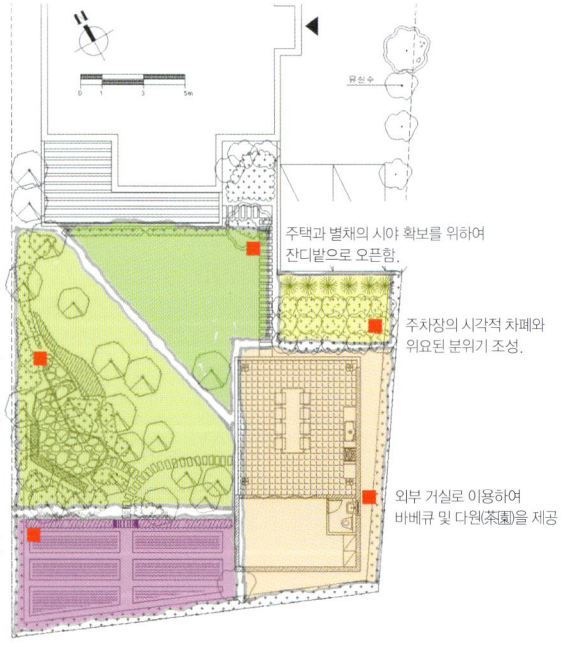

주택과 별채의 시야 확보를 위하여 잔디밭으로 오픈함.

주차장의 시각적 차폐와 위요된 분위기 조성.

작은 규모의 정원을 최대한 깊게 보일 수 있게 작은 숲으로 연출함.

외부 거실로 이용하여 바베큐 및 다원(茶園)을 제공.

햇볕 좋은 남향의 텃밭.

3. 기본계획

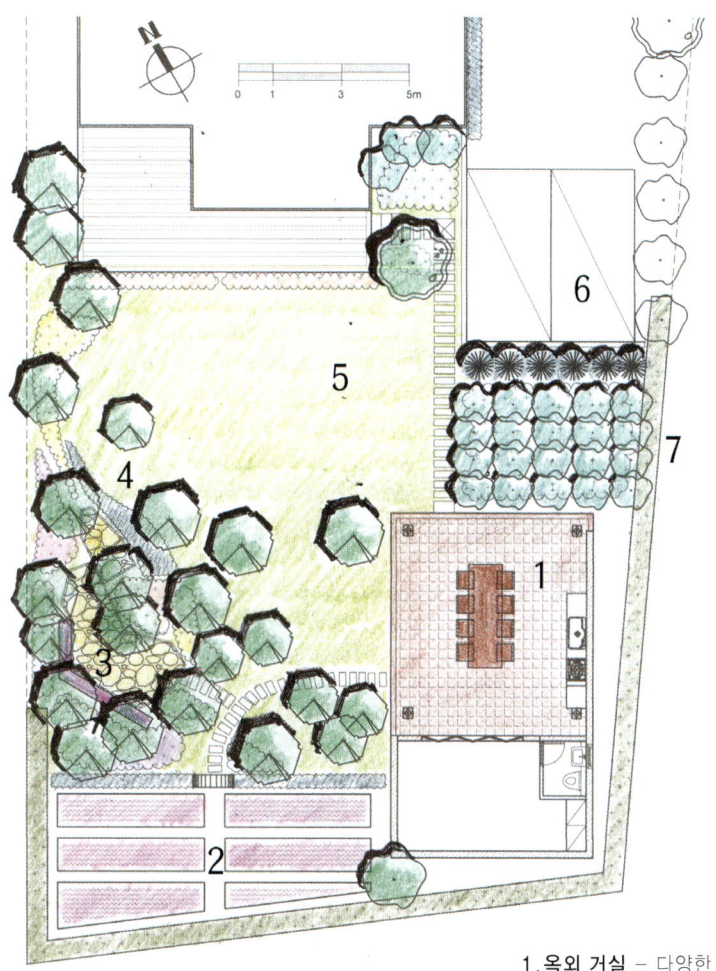

1. **옥외 거실** – 다양한 모임을 위한 파티장소
2. **텃밭** – 햇볕 좋은 채소밭
3. **숲속 쉼터** – 앉음 벽을 이용한 녹음 아래 쉼터
4. **단풍나무 숲** – 야생화 및 숙근초가 어우러진 숲
5. **잔디밭** – 거실의 조망을 고려한 오픈 공간
6. **주차장** – 2대이상의 주차를 위해 여유공간을 둠
7. **자작나무 숲** – 하얀 수피의 작은 숲

사례 3 부용리 정원

* 평지에 위치한 부지 면적 약 1800㎡의 전원주택이다. 넓고 편안한 대지에 남남서향의 단층 주택이 아담하게 놓여 있다. 주택은 'H'자 형태의 평면 배치로 건축물로 둘러 싸인 옥외 공간이 있다. 기존에 조성되어 있는 정원을 대대적으로 리뉴얼하는 작업이다.

* 상대적으로 넉넉한 부지에 공간별로 다양한 성격의 정원을 구상한다. 기존의 구조물 및 시설물을 최대한 활용한다. 꽃을 좋아하는 부인의 취향을 위하여 넓은 화단과 자수화단을 구상한다. 대문에서 현관까지의 긴 진입로를 개성 있게 연출한다.

1. 부지 분석

View 1 : 경사로의 불편함과 입구에서 현관 사이의 동선 정리가 요구됨.

View 2 : 병렬식의 식재 패턴이 단순하며, 계절감을 느낄 수 있는 수목이 부족함.

View 3 : 토지의 용도에 따른 효율적인 공간 이용이 요구됨.

2. 기본구상

3. 기본계획

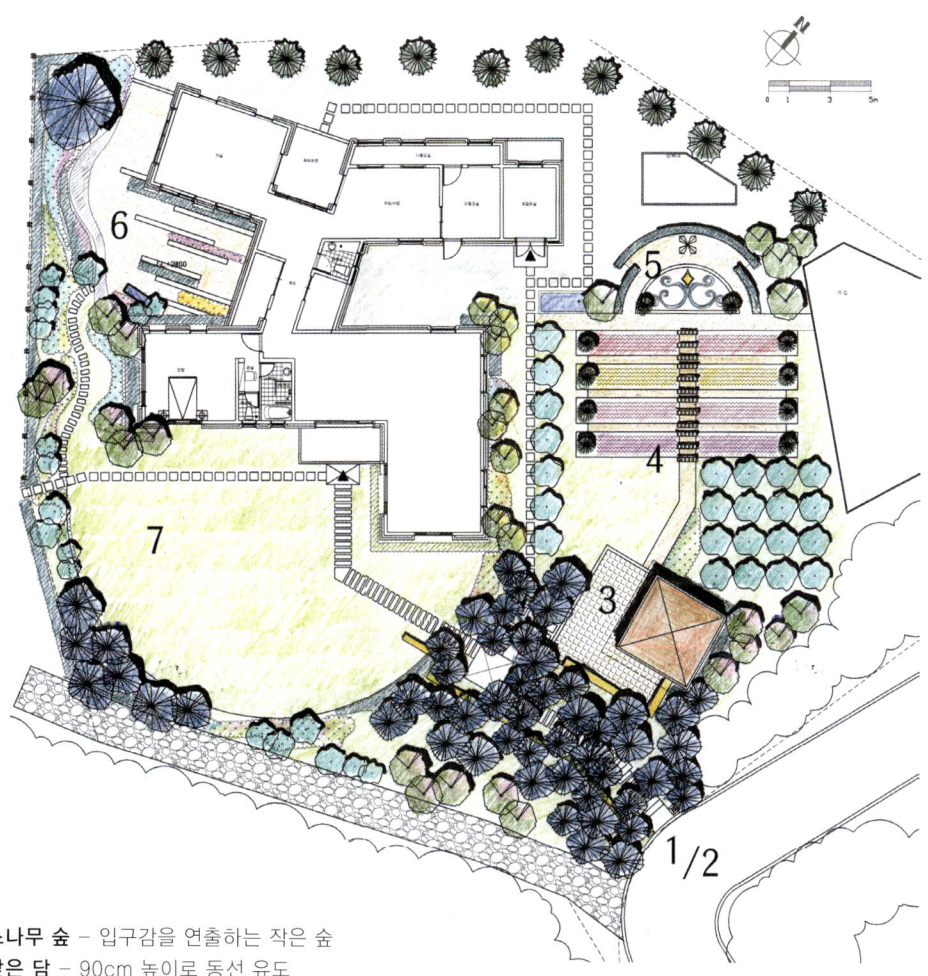

1. **소나무 숲** – 입구감을 연출하는 작은 숲
2. **낮은 담** – 90cm 높이로 동선 유도
3. **테라스/정자** – 바베큐 및 녹음 아래 茶園
4. **화원** – 야생화 및 숙근초
5. **자수화단** – 조각과 어우러진 문양 화단
6. **감상정원** – 거실의 조망을 고려한 정적인 정원
7. **잔디마당** – 시원하게 하늘을 담아내는 마당

사례 4 대심리 정원

* 전원주택단지 내에 있는 작은 작업실이다. 부지 면적은 약 620㎡이고 건축면적은 46㎡이며 30㎡ 정도 증축하고 있다. 부지는 경사진 곳을 두 단으로 평탄하게 조성하였다. 건물은 서향으로 배치되어 있으며 아랫집이 정면으로 과다하게 노출되어 있다.

* 작은 규모의 주택으로 넓은 테라스를 조성하여 정원의 옥외 거실 개념을 적극 활용한다. 아랫단에 성토를 하여 두 단으로 분리된 정원의 단차를 줄인다. 서쪽에 위치한 이웃 건물의 노출을 차폐하고 남쪽으로 펼쳐지는 전망을 최대한 정원으로 끌어들인다.

1. 부지 분석

View 1 : 부지는 남향으로 열려 있으며 멀리 보이는 전망이 아름답다.

View 2 : 부지의 북서측은 기존 수림대와 자연스럽게 연결되어 있으나 이웃의 건축물이 과다하게 노출되어 있다.

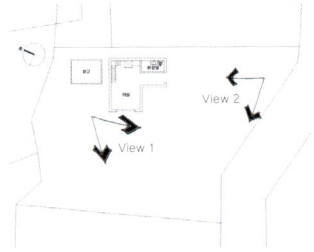

2. 기본구상

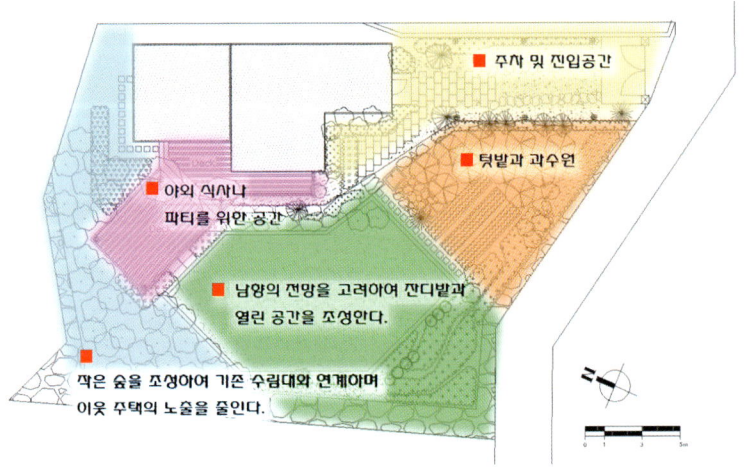

3. 기본계획

1. **앞마당** - 판석 포장과 자갈 깔기로 관리가 용이하고 주차가 가능한 진입 공간
2. **텃밭** - 채소와 유실수 식재로 수확의 즐거움을 제공
3. **계절 화단** - 키가 큰 정원수를 피하며 초화류 위주로 계절의 변화를 느낌
4. **잔디 마당** - 데크와 연계하여 남향의 전망을 열어 주며 시원하게 하늘을 담아냄.
5. **데크** - 충분한 공간을 확보하여 옥외 식사 및 녹음 아래 다원(茶園)으로 활용
6. **작은 숲** - 데크 주위에 자작나무 숲을 만들며 부지의 북서 부분을 감싼다.

사례 5 왕창리 정원

* 부지 면적은 약 920㎡이며 평탄하다. 주택은 부지의 북쪽으로 배치되어 있으며 건축면적은 160㎡의 이층 주택이다. 전망은 남쪽으로 탁 트인 경관을 갖고 있으며 멀리 산 능선이 부드럽게 펼쳐진다. 동쪽으로 야산에서 택지 개발 사업이 진행되고 있다

* 주택의 넓은 테라스를 적극적으로 정원과 연계한다. 북쪽 테라스는 작은 숲속에 놓여 있는 분위기이며 동쪽 테라스는 모던하고 회화적인 분위기를 연출한다. 남측으로 펼쳐지는 산 능선의 풍광은 상대적으로 넓은 잔디밭을 두어 시원스럽게 담아낸다.

1. 부지 분석

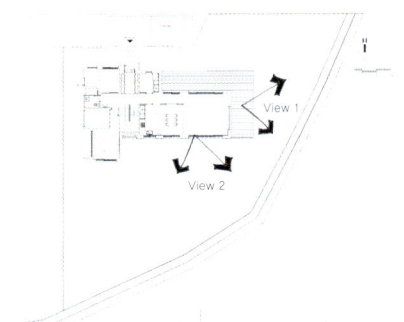

View 1 : 동쪽으로 야산에 개발 사업이 진행되고 있음.

View 2 : 낮으막한 언덕에 위치하며 탁 트인 전망과 부드러운 산 능선이 펼쳐짐.

2. 기본구상

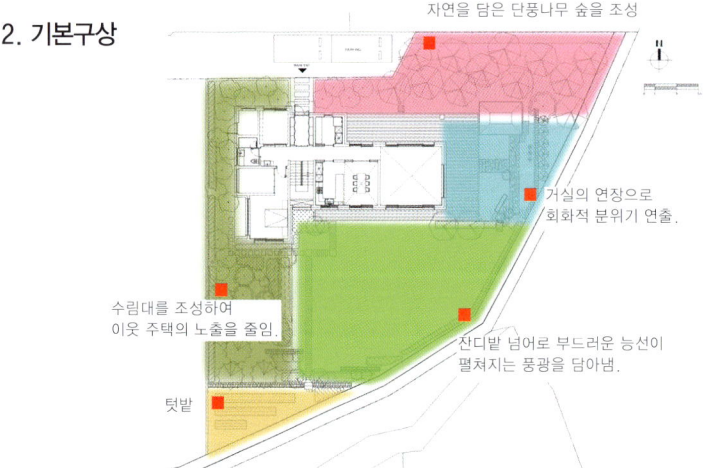

자연을 담은 단풍나무 숲을 조성

거실의 연장으로 회화적 분위기 연출.

수림대를 조성하여 이웃 주택의 노출을 줄임.

잔디밭 넘어로 부드러운 능선이 펼쳐지는 풍광을 담아냄.

텃밭

3. 기본계획

1. **작은 숲** - 다간형의 단풍나무를 식재하여 상대적으로 깊이감을 주어 숲의 이미지를 연출
2. **안마당** - 테라스 앞에 위요된 공간을 만들어 회화적이고 정적인 옥외 거실을 완성함.
3. **잔디 마당** - 전망을 위하여 키가 큰 정원수를 피하며 시원하게 하늘을 담아내는 마당
4. **차폐 및 계절 화단** - 상록교목으로 사계절 차폐효과와 다양한 꽃나무와 초화류로 계절을 느낌.
5. **온실** - 선인장류의 재배 및 월동을 위한 유리 온실.
6. **텃밭** - 다양한 식자재를 직접 키우고 수확하는 즐거움.

5단계 필요한 구조물을 계획하자

5.1 길과 포장
5.2 계단과 경사로
5.3 울타리와 대문
5.4 테라스
5.5 수경시설

5단계 필요한 구조물을 계획하자

정원에는 길, 계단, 테라스, 울타리, 대문 그리고 수경시설 등과 같이 고정적으로 조성하여 놓아야 하는 구조물들이 있다. 우리는 4단계에서 땅 가름을 하여 공간과 동선을 만들었다. 하지만 이를 자연스럽게 연결하려니 3 단계에서 조사해 놓은 정원의 지형과 맞지 않아 불편할 것 같은 곳이 생긴다. 좀 더 편안하고 자연스러운 정원의 모습을 만들기 위하여 기존의 지형을 새롭게 조정하는데 필요한 구조물을 만들어야 한다.

단차가 있는 곳은 자연스러운 이동을 위해서 계단을 두거나 경사로를 만들어야 한다. 또한 공간과 공간을 연결하는 동선은 길로 만들어 편안한 보행을 위하여 적절한 포장이 필요하다.
그리고 공간 계획에 따라 만들어진 부분은 되도록 평탄한 마감이 보기 좋으므로 잔디를 깔거나 테라스와 같이 포장이 필요한 지역이 생긴다. 이러한 구조물들은 정원의 틀을 만들고 형태를 구성하여 전체적인 정원의 이미지를 결정지을 수 있다.

구조물 계획에서 중요한 것 중에 하나는 옥외공간에서 인간이 느끼는 척도와 비율이다. 정원에 적합한 척도와 비율은 정원의 전체적인 면적과 밀접한 관계가 있다. 작은 면적의 정원은 분위기를 편안하고 친근감 있게 작은 비율로 디자인하고 넓은 면적의 정원은 상대적으로 큰 비율을 적용하여 시원스럽고 쾌적한 정원 분위기를 만드는 것이 좋다.

아무리 아름답게 디자인된 정원 구조물이라도 적절한 비율이 적용되지 않으면 정원을 지나치게 여유 있게 만들어 텅 빈 느낌이 들게 하거나 반대로 정원을 비좁고 답답하게 만들어 불편하게 만들 수 있다. 하지만 같은 면적의 정원이라도 구조물의 설치 장소나 공간의 크기에 따라 다르게 적용될 수 있다.

공간의 규모는 실내 공간에서 느끼는 크기과 옥외 공간인 정원에서는 느끼는 크기가 다르다. 예를 들어 실내의 3m×4m=12m² 면적의 방과 옥외공간에서 자동차 1대를 위한 주차장의 면적인 2.5m×5m=12.5m²를 비교해 보면 실내에 있는 방의 면적이 훨씬 넓게 느껴진다. 또한 구조물의 높이에 대한 느낌은 길이에 반비례한다. 같은 높이의 벽도 길이가 길면 상대적으로 낮아 보이고 길이가 짧으면 높게 느껴진다. 즉 구조물의 크기와 높이는 주변 환경에 따라 다르게 느껴진다.

정원에 필요한 구조물들은 형태, 재료, 칼라 등을 고려하여 통합된 이미지를 부여하는 것이 좋다. 대부분 구조물은 단순하고 소박한 디자인이 편안한 정원을 만든다. 특별히 강조되어야 하는 구조물을 제외하고는 정원의 기본적인 디자인 개념에 맞추어 전체적으로 통일감을 준다. 강력한 색채나 전위적 형태의 구조물은 정원 분위기를 고려하여 신중히 선택하여야 한다.

정원 구조물의 형태는 현대식 정원이나 정형식 정원일 경우 원형이나 직사각형 그리고 직선을 이용하여 디자인하고 낭만적 정원이나 야생 정원의 유형을 선택한 경우는 자유 곡선을 이용하여 디자인하면 좀 더 어울리는 분위기를 연출할 수 있다.

또한 정원 구조물은 자체의 미적 가치뿐 만 아니라, 기능과 편리성 그리고 유지 관리를 고려하여야 한다. 즉 정원 구조물은 미, 기능, 관리라는 3요소가 모두 충족되어야 비로소 정원을 아름답게 만드는 역할을 하게 되는 것이다.

5. 1 길과 포장

4단계의 땅 가름에서 여러 공간들이 만들어지면 공간과 공간을 연결하기 위하여 걸어 다닐 수 있는 길이 필요하다. 그리고 텃밭이나 화단과 같이 흙으로 덮여있는 부분을 제외한 공간에는 잔디를 깔거나 용도에 맞게 포장을 하여야 한다.

길은 비, 바람, 눈 등으로부터 안전하고 편안하게 보행하기 위하여 용도나 빈도에 따라 적절한 폭과 재료를 선택하여야 한다. 가장 빈도가 높은 길은 대문에서 현관에 이르는 길이다. 이 길의 시작과 끝 부분은 현관과 대문이다. 그 주위에서는 문을 열거나 손님을 배웅하는 등 잠시 정체하는 장소로 평탄하게 포장된 공간이 필요하다.

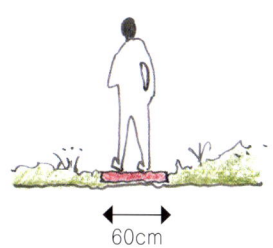

길의 폭은 한 사람이 걸어가는 길은 60cm, 두 사람이 함께 걸어가는 길은 90cm, 두 사람과 한사람이 서로 다른 방향에서 걸을 수 있는 길은 120cm 정도가 필요하다. 또한 쾌적한 보행을 위해 길의 횡단 방향으로 경사를 주어 비가 올 때 빗물이 양 쪽으로 흐를 수 있게 처리한다. 하지만 보행의 빈도가 낮은 길의 경우 적절한 크기의 디딤돌을 놓아 비가 올 때 보행의 불편만 없게 하기도 한다.

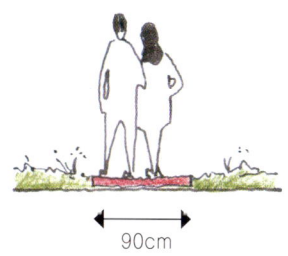

포장은 식사 공간이나 휴식 공간 등 비교적 넓은 면적을 차지하기 때문에 디자인에 따라 전체적인 분위기에 큰 영향을 준다. 즉 포장은 재료, 색상, 질감 그리고 패턴에 따라 다양하게 디자인할 수 있으며 예술적이며 심미적인 정원 분위기를 연출할 수 있다.

길이나 포장 재료는 정원의 용도와 유형에 따라 재료의 선택이 이루어져야 한다. 예를 들어 낭만적 정원이나 야생 정원의 경우 자연소재인 자연석 놓기, 침목 깔기, 쇄석 깔기, 마사토 포설 등이 어울리며 현대식 정원이나 정형식 정원의 경우 판석 깔기, 블록 깔기, 콘크리트 포장 등 전체적인 정원의 유형과 어우러지는 것이 좋다.

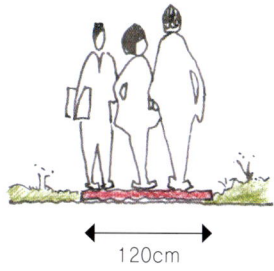

또한 길과 포장의 디자인은 다른 재료나 다른 질감을 사용하면 시각적으로 그리고 발의 촉감으로 장소와 성격을 구분할 수 있다. 하지만 너무 많은 종류는 혼돈스러울 수 있어 한 정원에서 세 가지 이상의 재료를 쓰지 않는 것이 좋다.

- 통행량에 따른 길 폭 -

◀ 길의 포장은 부정형인 듯하지만 전체적인 길 폭을 일정하게 맞추었다. 판석과 판석 사이에 틈새를 넉넉히 주어 이끼류가 자랄 수 있게 하였다.

▲▲ 정사각형의 콘크리트 블록과 모로 세워 깔은 적벽돌을 함께 사용하였다. 두 재료의 색깔은 대조적이지만 단순한 문양으로 안정감을 준다.

▲ 작은 자갈을 깐 길이다. 자갈길은 시각적으로 부드러운 느낌이며 자갈을 밟는 소리가 자그락거리며 경쾌하다.

▶▲ 불규칙적인 돌바닥이 자연스럽게 걸음걸이를 느리게 한다. 길을 따라 단아하게 식재된 회양목이 그 길을 이끌어 준다.

▶ 정사각형의 디딤돌을 이용해 잔디밭에 곡선의 문양을 넣었다. 디딤돌을 직선으로 놓아 효율적으로 만드는 동선보다 여유가 있어 보인다.

■ 벽돌 포장

벽돌은 점토나 콘크리트로 만들어져 깔끔하고 견고한 느낌이다. 내구성이 좋고 비교적 시공하기 수월하다. 벽돌은 다양한 크기와 색상이 있어 패턴에 따라 여러 형태의 디자인이 가능하다. 이와 비슷한 재료로 타일이나 블록이 있다.

■ 자연석 포장

자연석은 중후하면서 두터운 느낌이다. 형태는 정형적인 것과 부정형적인 것이 있다. 이는 가공에 따라 다양한 디자인이 가능하다. 원석은 생산지에 따라 포천석, 문경석, 마천석 등으로 불리며 그 지방의 지질학적 특성으로 색상이 결정된다.

■ 침목 포장

침목은 목재의 자연스러운 외관으로 부드러운 느낌이다. 주위의 자연 환경과 조화를 이루고 시공이 간편하다. 재질이 단단하여 계단에도 많이 쓰인다. 이는 철도의 폐침목을 재활용하면서 시작되었는데 요즘은 비슷한 크기로 제작되어 사용되고 있다.

■ 마사토 포장

마사토 포장은 굵은 모래나 작은 자갈을 깔아 자연 상태의 느낌이다. 한국형 정원의 마당에 어울린다. 이는 배수가 잘 되고 상대적으로 시공이 용이하여 곡선이나 부정형 형태의 포장에 적합하지만 경계 처리를 분명히 하여야 형태를 유지할 수 있다.

■ 디딤돌

디딤돌은 사람이 밟고 다닐 수 있는 크기의 평평한 돌이다. 자연석을 이용하거나 원석을 두께 5cm 이상으로 가공하여 사용한다. 대부분 작은 면적이나 짧은 길에 포장재로 쓰이며 디자인에 따라 상징적인 길의 이미지로 연출하기도 한다.

▲ 통행이 빈번한 길은 적벽돌을 모로 세워 깔고 그 주변은 자갈을 깔았다. 적벽돌 깔기의 지그재그 문양이 발걸음을 경쾌하게 만든다.

▶▲ 자갈을 깔고 적벽돌로 원형의 문양을 만들었다. 큰 토분을 위한 좌대 역할을 하고 있다. 주변의 둥근 형태의 정원수들과 어우러진다.

▶ 넉넉한 크기의 판석을 깔아 시원스러운 표면을 만들었다. 단순한 문양은 주변의 작은 규모의 초화류들을 상대적으로 돋보이게 한다.

— 벽돌을 이용한 다양한 패턴 —

필요한 구조물을 계획하자 | 91

5. 2 계단과 경사로

정원 부지는 완전하게 고르고 평평한 땅을 소유한 경우가 아니라면 모든 땅에는 자연스러운 경사가 있기 마련이다. 부지의 경사가 편안히 걷기 어려울 정도로 급할 경우 단차의 극복을 위하여 구조물이 필요하게 된다. 구조물은 통행을 위한 길의 경우 계단을 만들거나 경사로를 설치하여야 한다.

이는 3단계에서 조사한 부지의 지형에 4단계에서 계획한 공간계획을 올려보면 계단이나 경사로의 위치와 규모를 예측할 수 있다. 이러한 구조물은 디자인에 따라 조형적 효과를 얻을 수 있어 평탄한 지형보다 기복 있는 지형에서 좀 더 깊고 흥미로운 정원을 연출할 수도 있다.

계단을 계획하려면 단차에 따라 계단의 개수와 높이가 결정되어야 한다. 건물 내에서는 단 높이 최대 15cm에 계단 폭 최소 30cm를 기준으로 한다. 하지만 정원에 설치되는 계단은 상대적으로 폭이 넓고 높이는 낮아야 안정적이다. 2H(단 높이) + W(계단 폭) = 62~66cm를 적용하면 편안한 계단이 된다.

또한 총 높이가 2m를 넘는 계단에서는 안전을 위하여 계단참이 필요하며 높이의 차이가 1m를 넘는 계단에는 난간을 설치하여야 한다. 난간의 높이는 110cm 정도로 자연스럽게 어른의 손이 닿을 수 있는 높이로 설치하여 안전에 대비하여야 한다.

경사로는 단차가 완만하거나 휠체어, 유모차 그리고 정원 손수레 등을 위하여 설치하는 구조물이다. 이는 같은 단차일 경우 계단 보다 긴 길이가 필요하다. 경사로의 기울기는 8%(1/12) 이하로 하며 이는 1m 높이 차를 위하여 12m(의x) 길이의 경사로가 필요하다. 하지만 2~3단의 계단 옆에 있는 짧은 경사로의 경우 길이가 1m 이하이면 12.5%(1/8) 정도로 만들 수 있다.

부지의 조건에 따라 한두 단의 계단과 경사로를 적절히 조합하면 전체 거리를 조정할 수 있다. 이때 계단이나 경사로의 포장은 평탄한 마감으로 하며 비나 눈 그리고 이슬에 젖어 미끄러울 수 있으므로 이를 방지할 수 있는 재료를 선택한다.

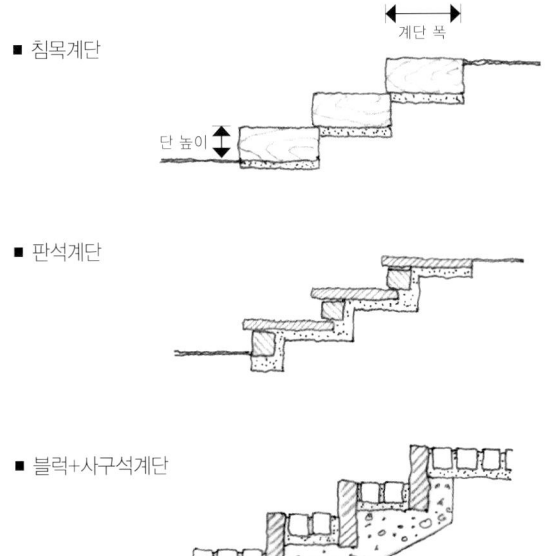

- 재료에 따른 계단 형태 -

▲ 판석을 이용한 정갈한 계단이다. 아래 두 단은 넓고 폭을 연장하여 여유 있게 잔디밭으로 내려올 수 있다.

◀ 부정형의 슬레이트석으로 단의 높이는 낮고 폭은 넓게 하였다.

◀▼ 반원형의 계단에 재료의 차이로 경계를 명확하게 보여 주고 있다. 작은 사괴석은 방사선으로 깔아 포장 패턴을 완성하였다.

▼ 침목을 이용한 넉넉한 계단이다. 침목 뒤로 10X10cm 정도의 포장용 타일을 깔았다. 화단의 구조체도 침목으로 통일하였다.

◀ 작은 자갈로 경사지를 포장하였다. 옆에 계단과 길이 있지만 정원용 외발이 수레나 잔디 깎기 등의 이동을 위한 작업로이다.

▲ 유모차나 휠체어를 위한 경사로이다. 가족 상황의 변화로 필요하여 추가적으로 공사한 듯하다. 두꺼운 합판을 이용하였다.

▲▶ 시멘트 블록으로 포장한 경사로이다. 창고로 향하는 경사진 길이라 자동차도 통행할 수 있게 단단한 재료로 포장하였다.

▶ 비교적 긴 경사지라서 부분 부분 단을 두었다. 계단은 진한 색의 화강석으로 자갈의 색과 대조적으로 눈에 띄게 하였다.

5.3 울타리와 대문

– 40cm 이하 –
무릎 높이의 식재로 단순한 경계표시
(회양목, 눈주목, 영산홍, 철쭉류)

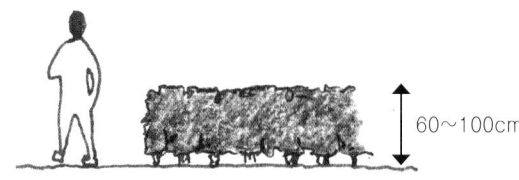

– 60~100cm –
허리 높이의 식재로 시각적으로 개방 된 통제 수단
(사철나무, 쥐똥나무, 매자나무, 화살나무, 흰말채나무)

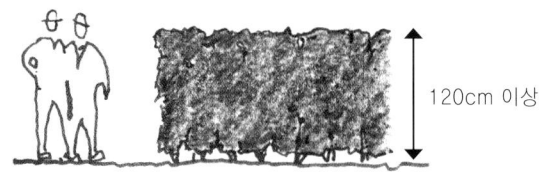

– 120cm 이상 –
눈높이 이상의 식재로 통제 및 시각적 차폐
(서양측백, 주목, 향나무, 박태기나무, 수수꽃다리)

– 생울타리 높이에 따른 기능 –

주택은 대부분 부지 경계부에 울타리를 설치하고 출입구 부분에는 대문을 설치한다. 대문은 그 주택과 정원의 첫인상이다. 디자인이 너무 화려하거나 협소하지 말아야 한다. 전체적인 주택의 이미지와 어우러지게 디자인하는 것이 좋다.

대문의 크기는 주차장의 출입구가 별도로 있는 경우와 주차 공간이 대문을 통과하여야 하는 경우에 따라 대문의 폭이 달라진다. 후자의 경우 대문의 폭이 넓어짐으로 사람들의 통행을 위해 별도의 작은 문을 설치하면 번거로움을 피할 수 있다.

울타리는 일반적으로 부지 경계를 따라 설치하며 이웃과의 경계, 야생 동물의 침입 방지, 외부인의 출입 통제 등을 위한 구조물이다. 즉 가족의 사생활을 보호하는 역할을 한다. 또한 울타리 안쪽에서는 정원에 위요감을 주며 식재의 배경이 되기 때문에 재료나 형태가 정원수 디자인과 어우러져야 한다.

판재   목재

울타리의 높이는 목적에 따라 적절한 높이를 유지하여야 한다. 너무 낮으면 사생활을 보호하기 어렵고 너무 높으면 정원이 좁아 보이거나 답답해진다. 단순히 경계를 표시하는 것이 목적이라면 무릎 높이 정도인 40cm 이하로 한다. 이는 개방적이며 외부에서 정원을 들여다볼 수 있을 정도이다. 그리고 통행을 할 수 없을 정도의 통제가 목적이라면 60~100cm의 정도의 높이가 적당하다. 또한 외부에 정원을 노출 시키고 싶지 않거나 적극적으로 외부의 침입을 방지하는 것이 목적일 경우 120cm 이상의 높이를 유지하는 것이 좋다.

정원의 울타리는 투시되는 정도에 따라 투시형, 반 투시형, 막힘형이 있다. 재료는 생울타리와 같이 살아있는 식물을 이용하거나 원목, 판재 등 자연 소재나 콘크리트, 벽돌, 블록 등 견고한 재료를 선택할 수 있다. 울타리는 텃밭이나 테라스 주위에 설치하기도 한다. 또한 특별한 장소에 장식적으로 설치하여 아늑한 공간을 연출하기도 한다. 이때, 주변에 덩굴장미나 클레마티스 등 덩굴성 식물을 식재하여 그늘을 만들고 울타리에 피어있는 꽃들을 가까운 거리에서 감상할 수 있게 한다.

때로는 부지의 조건에 따라 울타리를 설치하지 않거나 투시형 울타리를 설치하기도 한다. 단차가 많이 나는 부지의 경우 경사지 끝에 단을 두어 울타리를 대신한다. 또한 숲으로 연결되어 있는 부지에서는 투시형 울타리를 설치하면 시각적으로 주변의 자연 풍경을 내 정원으로 끌어 들이는 효과를 얻을 수 있다.

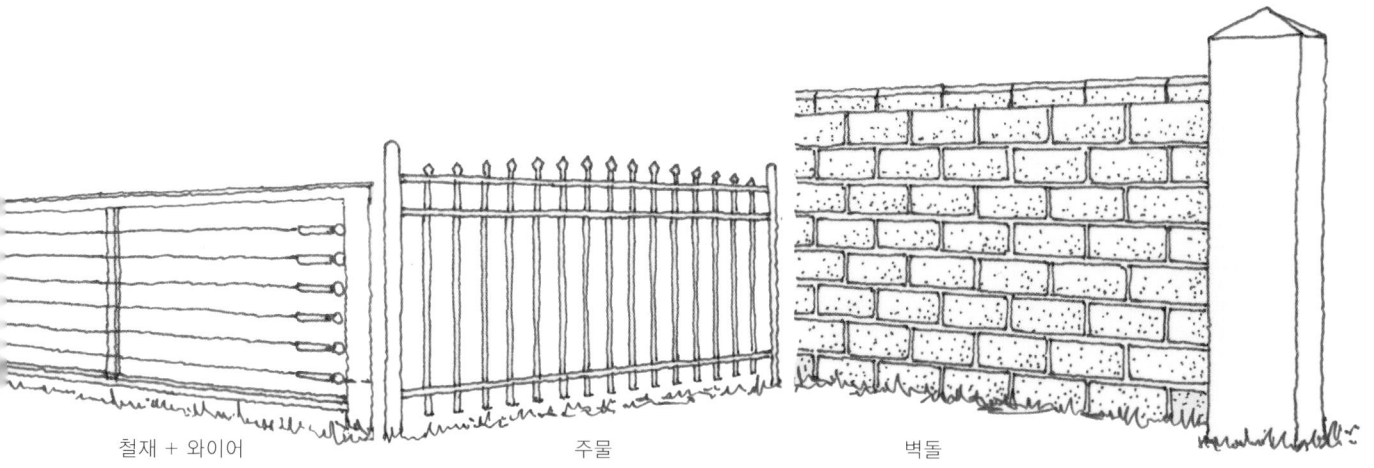

− 다양한 높이와 재료의 울타리 −

◀ 담쟁이가 멋지게 올라가는 한옥의 담장이다. 담장 하부는 지대석으로 큰 돌을 쌓았고 상부에는 작은 돌로 안정감을 주었다. 틈새는 흰색의 강회로 메우고 담장 위는 기와를 얹었다.

▶▲ 대나무, 싸리 등의 가는 나뭇가지를 이용하는 바자울과 생울타리를 교대로 이용하여 리듬감이 있다. 하부에 길게 초화류를 식재하여 통일감을 주었다.

▶▶ 가볍게 판재를 이용하였다. 얇은 판재로 지지대를 사이에 두고 엇갈리게 조립하니 부피감이 있어 보인다. 시각적으로 투시되지는 않지만 바람은 통하는 울타리이다.

▶▼ 가시가 있는 매자나무를 이용한 생울타리이다. 1.0m 정도의 높이로 길에서도 울타리 안의 정원을 볼 수 있다. 매자나무는 꽃과 단풍이 아름다워 계절감이 살아 있는 울타리이다.

◀◀▲ 깔끔하게 흰색 페인트를 칠한 목재 대문이다. 생울타리의 진한 초록색과 흰색이 강한 대비를 이룬다.

◀▲ 대문과 울타리를 일체형으로 만들었다. 양쪽 울타리를 아치형으로 연결하여 붉은 인동을 올렸다. 투시형으로 대문 안이 훤히 보인다.

◀ 대문과 문주는 울타리와 같은 높이로 만들었다. 돌담으로 묵지하게 쌓은 울타리는 검정색 철재 문과 어울린다.

▶▲ 자동차를 위한 대문과 쪽문이 분리 되었다. 가족들의 일상적인 통행은 간편히 쪽문을 이용할 수 있게 만들었다.

▶ 격자형 철문이다. 생울타리와 적벽돌로 쌓은 문주 그리고 대문의 격자형 문양이 전체 주택과 어우러진다.

▶▼ 넓은 판재로 낮게 만든 대문이다. 두 쪽의 문은 비율을 달리하여 사람이 들어 올 때는 작은 쪽만 이용할 수 있게 하였다.

5. 4 테라스

테라스(terrace)는 땅(terra)을 의미하는 어원에서 왔다. 어원에서 알 수 있듯이 지표면과 만나는 부분에 단을 두어 활용하는 공간이다. 대부분 구조적으로 테라스의 지붕은 없으나 퍼걸러를 설치하여 그늘을 만들어 여름철 직사광선을 막기도 한다. 바닥 포장은 여러 가지 재료를 사용할 수 있으나 정원에서는 주로 자연 소재인 목재를 이용한다. 그래서 일반적으로 목재 데크(Timber Decks) 또는 데크라고 불린다.

정원에서 테라스의 위치는 특히 1단계 정원의 용도에서 야외 식사를 위한 정원일 경우 거실이나 식당의 확장 개념으로 실내에서 정원으로 직접 나올 수 있는 곳에 배치한다. 또한 단 차이가 없이 테라스와 거실이 같은 높이로 연결되면 거실을 넓게 보이게 하고 사용이 편리하다. 테라스는 마치 우리 전통한옥의 대청마루나 툇마루와 같은 분위기를 느낄 수 있다. 그리고 정원에 독립적인 썸머 하우스가 있을 경우 그 주위에 테라스를 설치하여 좀 더 여유로운 장소로 이용할 수 있다.

테라스의 면적은 설치 위치와 용도에 따라 적절한 규모로 계산하여야 한다. 야외 식사 공간은 가족의 수나 방문객의 규모를 예상하여 크기를 결정한다. 하지만 옥외 공간이기 때문에 야외 테이블과 의자를 위한 면적은 실내에 있는 식탁 규모보다는 넉넉하게 잡는다. 또한 여유 공간을 주어 주변에 화단을 즐길 수 있게 충분한 면적으로 계획하는 것이 좋다.

바닥 면은 적정 기울기를 주어 표면에 내리는 빗물이 잘 빠질 수 있게 한다. 이때 표면이 기우는 방향은 최단의 거리로 빗물이 배수구나 배수로에 도달하게 하는 것이 좋다.

테라스는 옥외 공간에 설치하는 것으로 재료 선택에 세심한 주의가 필요하다. 이는 외부의 충격이 잦고 신발을 신고 사용하는 곳으로 실내보다 마모가 쉽게 이루어진다. 또한 햇볕이나 비와 눈, 온도의 차 등의 기상변화에 영향을 받는다.

특히 목재를 깔았을 경우 지면으로부터 최소한 15cm 이상 띄워 시공하고 기초 부분에 습기를 머금는 토양보다는 자갈 등을 깔아 습기가 올라오지 않도록 한다. 또한 표면에 빠른 배수를 위하여 주택 외벽과 목재 데크 사이에 배수를 위하여 자갈층이나 그레이팅을 덮어 공간을 확보하는 것이 좋다.

데크용 목재의 종류는 크게 경질목과 연질목이 있다.
경질목은 일반적으로 하드 우드(hard wood)라고 부른다. 주로 말레이시아나 인도네시아와 같은 아열대 지방의 활엽수로 단단하고 물에 강하며 내구성이 좋다. 이는 별도의 방부 처리가 필요 없으나 햇빛에 의하여 백화 현상이 일어나 퇴색할 수 있다. 이런 현상을 막으려면 최소한 3년에 한 번 정도 오일 페인팅을 하면 색상을 유지할 수 있다. 하드 우드로 쓰이는 수종은 호두나무, 물푸레나무, 단풍나무, 느릅나무, 참나무 등이 있다.

연질목은 소프트 우드(soft wood)로 온대 지방에서 자라는 침엽수가 대부분이며 하드 우드에 비하여 상대적으로 나무의 질이 연하고 부드러운 편이다. 가격은 경질목보다 저렴하다. 하지만 습기에 약하여 장마철이 있는 우리나라에서는 외부에 직접 사용하기에는 적합하지 않다. 그래서 방부 처리나 방충 처리를 한 목재를 사용하여야 한다. 소프트 우드의 일반적인 수종은 가문비나무, 삼나무, 미송, 홍송 등이 쓰이고 있다.

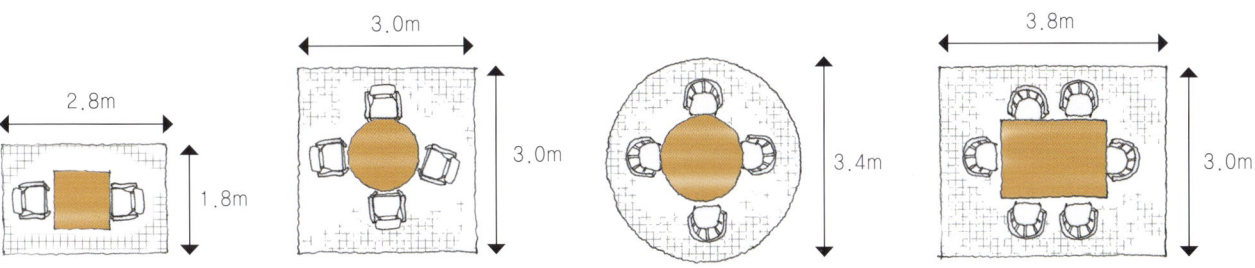

- 야외 식탁을 위한 테라스의 포장 면적 -

목재 데크는 장마철과 같이 다량의 빗물과 습기에 노출되기 때문에 변형이나 변색 그리고 곰팡이가 생기는 경우가 있다. 즉 목재의 특성상 수분, 기온 등 자연환경에 상대적으로 취약하여 꾸준한 관리가 요구된다. 이는 목재의 표면이나 느낌을 지속시키기 위해서 여름에 장마철을 전후하여 최소한 두 번 정도의 오일스테인(Oil Stain)을 칠하는 관리가 필요하다.

테라스의 포장은 목재 이외에도 다양한 재료를 사용한다. 상대적으로 관리가 용이한 타일이나 벽돌, 판석 등의 소재를 이용한다. 이러한 재료들은 비나 눈, 물리적 충격, 자외선, 벌레 등의 외부 환경에 비교적 크게 영향을 받지 않아 관리가 쉽다. 또한 타일이나 벽돌은 다양한 문양을 넣을 수 있어 테라스의 분위기를 한 층 개성 있게 연출할 수 있다.

◀ 호수가 내려다 보이는 전망이 좋은 곳에 테라스를 두었다. 클레마티스와 덩굴장미로 그늘을 만들어 아늑하게 만들었다.

▲ 적벽돌을 깐 원형의 테라스이다. 가벼운 의자를 놓아 경쾌한 분위기이다. 주변은 화분을 이용해 꽃을 볼 수 있게 하였다.

▶ 목재 테크를 뚫어 오래된 자작나무가 자라게 하였다. 자작나무는 그늘이 약하여 파라솔을 보조로 사용하는 듯하다. 빛바랜 의자와 테이블이 자작나무의 줄기와 어울린다.

▼ 목재 데크가 화단 깊숙이 들어가 있는 테라스이다. 화단의 다양한 꽃들을 관리하기도 용이하고 가까이에서 즐길 수 있다.

5.5 수경시설

수경시설은 정원에 시각적이고 청각적인 효과를 준다.
졸졸 흐르는 시냇물 소리는 청량감을 주고 시원한 분수의 움직임은 정원에 생동감을 준다. 또한 연못의 잔잔한 수면은 그 위에 하늘이 투영되고 주위의 풍경을 물 위에 드리우며 정원을 고요하고 정적인 분위기로 만든다.

수경시설은 그 목적이나 형태에 따라 크게 연못, 분수, 계류 그리고 벽천 등으로 분류한다. 그 규모는 정원의 크기를 고려하여 넓은 정원일 경우 연못이나 계류 등이 가능하며 비교적 규모가 작은 정원은 분수나 벽천을 이용하면 공간을 많이 차지하지 않는다. 그리고 수경시설의 형태는 2단계의 정원의 유형에 따라 디자인하는 것이 전체적인 정원의 분위기와 어우러진다.

낭만적 정원이나 야생 정원일 경우 자연스러운 형태의 연못을 만드는 것이 좋다. 수면 위에 연꽃이나 수련을 띄우고 주변에 수변 식물을 식재하여 자연을 닮은 모습을 연출할 수 있다. 그리고 넓은 정원이나 부지 내에 경사가 있는 지형일 경우 이를 이용하여 계류나 폭포를 만들어 흐르는 물을 감상할 수 있다. 계류는 높은 곳에서 낮은 곳으로 흐르는 물의 성질을 이용하여 자연 속에 있는 계곡이나 시냇물을 연상시킨다. 그리고 지형의 단차나 수직적 구조물을 이용하여 폭포를 만들면 위에서 떨어지는 역동적인 물의 모습을 볼 수 있다.

현대식 정원이나 정형식 정원일 경우 원이나 사각형을 이용한 기하학적인 형태로 연못의 잔잔한 수면을 정적인 디자인 요소로 이용한다. 분수는 노즐에서 뿜어져 나오는 물의 다양한 형태를 즐기거나 조형물에서 뿜어져 나오는 시원한 물줄기를 감상할 수 있다. 이는 청량한 물소리의 경쾌한 분위기뿐만 아니라 조형적인 아름다움을 즐길 수 있다.

특히 한국형 정원일 경우 방지원도(方池圓島)를 디자인하는 것도 좋다. 방지원도는 우리나라 고유의 정원 기법 중에 하나인 연못의 형태이다. 사각의 연못에 둥근 섬을 만드는 것으로 동양의 우주관인 천원지방설(天圓地方說)에 근거하여 자연의 큰 이치를 연못에 담는 것이다. 이는 정원에 주인의 철학을 담은 작은 우주를 가꾸어 놓는 것이다.

〈무기연당(舞沂蓮塘)의 방지원도(方池圓島)〉

■ 연못

연못은 목적에 따라 정원 규모에 맞는 적정한 크기로 만들고 급수와 배수 위치를 고려하여 적합한 장소에 배치하여야 한다.

연못의 위치는 햇볕이 잘 들고 건물과 어느 정도 거리가 있으며 주변에 낙엽이 많이 떨어지지 않는 곳이 좋다. 낙엽은 연못의 수질을 악화시킬 수 있다. 또한 고여 있는 물은 썩기 쉬우므로 물을 순환시켜 물의 오염을 방지하여야 한다. 연못 바닥에 진흙을 깔거나 수초를 키우면 자연스럽게 수질이 정화된다.

연못의 크기는 정원 디자인에 따라 다르겠지만 정원의 전체적인 규모에 맞는 비례가 중요하다. 연못의 면적이 너무 크면 정원이 작아 보이고 그 반대로 너무 작은 연못은 왜소하고 진부한 느낌을 주어 정원의 균형을 잃게 된다. 또한 잔잔한 수면을 이용한 연못은 빛의 각도에 따라 주변의 형상을 투영하는 효과가 있어 눈높이를 고려하여 수면의 높이를 결정하여야 한다.

연못의 깊이는 목적에 따라 결정되어야 한다. 물고기를 키울 경우 동결 심도를 고려하여 물의 깊이는 최소 80cm 이상 되어야 물고기가 겨울을 난다. 또는 어소를 두어 겨울철 물고기의 동면 장소를 만들어 주는 것이 좋다. 또한 수심에 따라 어린이를 위하여 연못 주위에 안전장치를 고려하여야 한다.

연못의 구조체는 콘크리트나 벽돌로 만들고 방수액을 바르거나 간단하게 땅을 파서 웅덩이를 만들어 부직포와 방수시트를 깔아 만들 수 있다. 후자의 경우 연못의 경계 부분에 자연석을 놓거나 큰 자갈을 깔아 놓으면 자연스럽게 처리된다. 자연석이나 큰 자갈은 부직포와 방수시트를 고정하는 효과도 있다.

▼ 넉넉한 규모의 연못에 수련을 키우고 조형분수를 놓았다. 거실의 통창을 통하여 실내에서도 사계절 연못을 감상할 수 있다.

▶ 원형의 작은 연못에 다양한 수생식물을 식재하였다. 연못의 수면을 포장 바닥과 같은 높이로 하여 친수감을 더한다.

▶▶ 모던한 스타일의 연못이다. 연못의 깊이를 아주 낮게 하였다. 바닥에 깔은 검은 돌이 물속에서 그대로 투영된다.

■ 분수

분수는 매우 다양하게 물의 모양을 연출할 수 있다.
물은 특성상 위에서 아래로 흐르는 것이 자연스러운 것인데 분수는 과학의 힘으로 거꾸로 올리는 것이다. 즉 노즐(Nozzle)을 이용하여 물의 흐름에 강한 압력을 주어 그 방향을 바꾸는 것이다. 더욱이 노즐의 종류에 따라 다양한 물의 모양과 방향을 연출할 수 있다. 분수는 힘차게 솟아오르는 모습이 역동적이며 위로 뿜어진 물이 아래로 떨어지면서 수면에 부딪히는 물방울 소리가 있어 청각을 시원스럽게 자극한다.

분수는 연못에 첨가할 수도 있지만 수초나 물고기가 있을 경우 주의가 필요하다. 대부분 펌프를 이용하여 물을 순환하기 때문에 낙엽이나 수초가 펌프에 빨려 들어가 문제가 생길 수 있다. 그리고 연못에 상대적으로 물고기가 많을 경우 연못물을 노즐을 통해 공중에 분사하기 때문에 비린내가 날 수 있다.

조각이나 조형물과 어우러진 분수대의 경우 정원의 분위기를 한층 예술적으로 연출할 수 있다. 또한 겨울철 분수를 작동시키지 않아도 조각이나 조형물 자체의 아름다움을 감상할 수 있다.

◀◀ 양쪽에 조각이 있는 긴 연못이다. 가운데 다리를 놓고 대칭이다. 버블노즐을 이용한 분수로 생동감을 주었다.

◀▲▲ 간단한 노즐만을 이용한 분수이다. 작은 연못의 규모에 맞는 물의 높이를 연출하였다.

◀▲ 주물로 만든 물개 조형물을 이용하였다. 물개의 입에 노즐을 끼워 일정한 형태의 물 모양을 만들었다.

◀ 벽돌을 쌓아 벽체를 만들었다. 그 위에 부조를 붙이고 노즐을 이용해 물이 떨어지게 하였다.

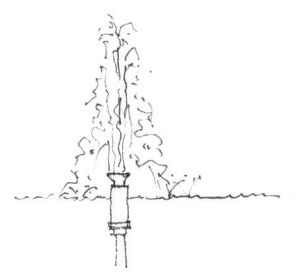

〈 노즐을 이용한 분수 〉

〈 조형물을 이용한 분수 〉

〈 벽체에 부조를 이용한 분수 〉

- 분수의 다양한 형태 -

■ 계류

계류는 골짜기에 흐르는 시냇물이며 평지에 이르러 실개천으로 흐른다. 정원에 계류를 조성하여 유유히 흐르는 물의 모습과 졸졸거리는 나직한 물소리를 감상할 수 있다. 운 좋게 부지 내에 실개천이 흐른다면 수량을 체크하여 저수조를 만들고 주변을 보완하여 이를 적극적으로 활용한다. 아니면 정원의 경사도를 이용하여 인위적인 계류를 만들어 자연스럽게 흐를 수 있게 한다.

인위적인 계류는 보통 아래쪽에 물을 저장하는 저수조를 둔다. 이곳에서 펌프를 이용하여 계류의 시작점까지 물을 다시 끌어 올려 순환시키는 구조이다. 이때 수로의 폭이나 경사도에 따라 물의 속도와 전체적인 수량이 달라진다. 이로써 펌프의 용량과 저수조의 크기가 결정되기 때문에 전문가의 자문이 필요하다.

■ 벽천

벽천은 물이 높은 곳에서 아래로 떨어지는 폭포를 닮은 형태이다. 벽체의 일부 또는 수직적인 구조물에서 물이 흐르거나 떨어지는 수경시설이다. 이는 폭포의 웅장하고 강렬한 이미지와 우렁찬 낙수 소리를 정원에 담아낼 수 있다.

정원에 수직 구조물이 있을 경우 이를 이용하여 벽천을 연출할 수 있다. 수직 구조물은 자연석을 쌓아 만들 수도 있지만 인공 구조체일 경우 문양을 넣어 조형물 역할을 할 수 있다. 또한 벽천은 수직적이기 때문에 작은 정원이나 좁은 공간에서도 수경시설의 연출이 가능하다. 하지만 물이 높은 곳에서 떨어지는 때문에 비산하거나 바람의 영향을 받는다. 그러므로 벽천의 높이에 비례하여 적절한 규모의 수조 및 주변 공간이 필요하다.

▲▲ 물이 흐르는 계곡을 만들었다. 단차가 있는 곳에 큼지막한 자연석을 놓아 자연의 풍광을 재현하였다.

▲ 스테인레스 스틸로 벽을 만들어 위에서 길게 물이 떨어지는 벽천을 만들었다. 작은 정원에 낙수 소리의 즐거움이 있다.

▶ 계류를 따라 평평한 돌을 이용하여 징검다리를 놓았다. 낮은 시냇가를 연상할 수 있게 조성하고 바닥에는 조약돌을 깔았다.

6단계 정원수를 디자인하자

6.1 정원수의 이해
6.2 정원수의 기능
6.3 식재 디자인 과정
6.4 일곱 계절의 정원
6.5 화단의 혼합식재

6단계 정원수를 디자인하자

내 정원을 거닐며 계절을 느끼고 아름다운 꽃들을 즐길 수 있다는 것은 행복이다. 이 행복을 스스로 만들어 낼 수 있다는 것은 정원 가꾸기를 취미로 갖고 있는 사람들만이 누릴 수 있는 특권이 아닐 수 없다. 정원수는 꽃과 줄기의 형태, 색감 및 질감으로 우리에게 아름다운 감성을 느낄 수 있게 한다.

정원수의 디자인은 꽃과 나무를 내 정원에 들여놓는 계획이다. 2단계에서 선택한 정원의 유형을 고려하여 4단계에서 내가 그려 놓은 땅 가름에 맞춰 정원수를 심어 정원에 생명을 불어 넣는 일이다. 이는 살아 있는 식물을 다루는 일이고 내 정원의 토양과 기후에 영향을 받는다. 완벽하게 조성해 놓은 화단도 계절이 함께 하여야 그 아름다움을 연출할 수 있는 작업이기 때문에 한 번에 만들어 낼 수 없는 가장 어려운 작업이다.

정원에는 비가 오고 바람이 불고 햇빛이 내려앉는다. 그러면 정원수는 봄에 초생엽의 여리고 귀여운 모습, 한 여름의 힘찬 푸르름, 가을에 곱게 물드는 단풍 그리고 하얀 눈꽃을 피우면서 정원에 계절의 변화를 담아낸다. 더욱이 아침 햇살, 저녁노을 등 햇빛과 어우러지는 다양한 정원수의 색의 변화는 정원에 펼쳐지는 또 다른 매력이다. 게다가 그 열매가 새들의 먹이가 되어 새들을 불러들인다. 그리고 정원수는 비, 바람과 어우러지며 우리의 정원에 자연의 음향을 만들어 낸다.

또한 정원수는 주택에 영향을 미치는 북서풍을 막아 준다거나 그늘을 만들어 햇빛을 조절해 줄 수 있다. 그리고 울타리를 만들어 외부로부터 침입을 막아주는 등 다양한 정원수의 기능적 역할이 있다. 이러한 기능을 충분히 고려하여 정원수를 디자인 한다면 좀 더 쾌적한 주거 환경을 만들 수 있다.

하지만 정원수 디자인의 가장 중요한 점은 살아 있는 식물을 다룬다는 것이다. 그리고 계절이 바뀌고 시간이 흘러야 완성되는 것이다. 이는 지속적인 관리가 이루어지지 않는다면 아무리 멋진 디자인도 그 아름다움을 유지할 수 없는 것이다. 지속적인 관리는 정원 가꾸기이며 영어로 'Gardening'이다. 정원(Garden)에서 계속적(~ ing)으로 작업을 해야 하는 끈기가 필요한 일이다. 즉 정원의 식재 디자인은 한 번에 이루어지는 것이 아니고 지속적인 작업과 시간이 필요하며 정원 가꾸기로 끈기 있게 그 아름다움을 가꾸어 나가야 완성되는 것이다.

내가 디자인한 정원이 그 계획대로 완성될 수는 있어도 정원수를 디자인한다는 것은 한마디로 정답이 없고 만점이 없는 답안지이다. 훌륭한 정원 디자이너의 만점짜리 디자인을 내 정원에 들여놓아도 기후, 토양 등 자연조건이 다르기 때문에 똑같을 수 없는 것이다. 아마 정원 가꾸기는 만점에 도달하기 위한 열망과 이런저런 방법으로 노력하는 과정일 것이다.

정원수의 디자인 방법은 정원의 용도나 양식에 따라 다양한 연출 기법이 있다. 여기에서는 기본적인 정원수의 이해와 기능 그리고 전체적인 틀을 만드는 디자인 과정을 설명한다. 그리고 정원수의 꽃을 중심으로 일곱 계절을 즐길 수 있는 방법과 화훼류를 중심으로 혼합 식재하여 연속적으로 꽃을 감상할 수 있는 화단을 디자인하기 위한 체계적인 접근 방법을 제시한다.

6.1 정원수의 이해

정원수는 그 자체가 조형적인 아름다움을 갖추고 있다. 그 아름다움을 만들어 내는 것은 일차적으로 정원수의 외형적인 모습이며 이는 각 정원수마다 고유한 형태로 이미지를 만들어 낸다. 정원수의 디자인은 각각의 정원수가 지니고 있는 이미지를 조합하여 조화롭게 연출하는 것이라 할 수 있다. 각 정원수의 고유한 이미지를 알기 위하여 우선적으로 각 정원수의 형태, 색 그리고 질감을 이해하여야 한다.

■ 정원수의 형태

하나하나의 나무가 모여서 숲을 이루고 있다. 하지만 숲은 나무와 다른 모습이다. 정원과 정원수의 관계도 이와 비슷하다. 각각의 정원수는 저마다의 모습을 갖고 있지만 서로 어우러지면 또 다른 모습으로 정원을 만들어 낸다. 그리고 같은 크기의 정원수도 수종에 따라 저마다의 모습을 갖고 있다. 그래서 각 정원수의 형태를 이해하고 배치하여야 조화로운 정원을 디자인할 수 있다.

정원수의 형태는 일차적으로 크기와 부피감으로 표현된다. 그리고 아름다운 자태, 우아한 줄기, 부피감을 만드는 잎 그리고 겨울철 나목 등 그 자체의 조형미를 갖고 있다. 이러한 정원수의 조형미는 다양한 조합과 연출로 정원에 입체감을 주며 시각적으로 전체적인 정원의 분위기를 만들어 낸다.

하지만 선택한 정원수의 크기나 부피감은 우선 부지의 크기나 주택의 규모와 어우러져야 한다. 예를 들어 너무 큰 정원수가 주택 바로 옆에 있을 경우 주택을 압도하거나 통풍과 채광에 문제가 될 수 있다. 반대로 규모가 큰 주택에 상대적으로 작은 정원수는 균형이 맞지 않아 어색한 분위기가 된다.

또한 정원수는 크기와 부피감으로 적절한 공간을 만들거나 시선을 차단할 수 있는 물리적 역할을 한다. 즉 나무를 촘촘히 심어 생울타리를 만드는 것은 정원수의 부피감을 이용한 것이며 넓은 잎의 활엽수로 그늘을 만들어 그 아래 쉼터 공간을 조성하는 것은 정원수의 크기를 이용한 것이다.

정원수의 분류는 일차적으로 식물의 크기와 생육 특성에 따라 교목, 관목 그리고 초화류로 나눈다. 화단을 조성할 때는 기본적으로 앞에서부터 초화류, 관목, 소교목 그리고 교목 순으로 자연스러운 다층 구조로 식재한다. 하지만 정원에서는 좀 더 세분하여 정원수를 디자인하는 것이 좋다. 즉 정원수의 형태를 수직형, 우산형, 둥근형, 누운형, 뾰족형, 원뿔형, 덩굴형, 처짐형 그리고 매트형으로 구분한다. 각각의 형태를 고려하여 전체를 구상하면 개성 있게 정원을 연출할 수 있다.

수직형은 대부분 상록 교목으로 키가 크고 정원에서 구조적 역할을 하거나 강한 초점을 만든다. 대표적으로 주목, 에메랄드그린, 구상나무 등이 있다. 우산형은 줄기나 잎이 넉넉하게 퍼져 있는 단풍나무, 때죽나무, 마가목 등이다. 이는 한여름에 그늘을 만들고 시원스러운 자태는 정원을 풍성하게 만든다.

둥근형은 대부분 관목으로 여러 가지의 줄기가 지면에서 나오고 잔가지들이 반원을 만든다. 철쭉류, 명자나무, 회양목 등으로 둥그스름한 형태로 부피감이 있고 시각적으로 편안하며 부드러운 느낌을 준다. 누운형은 지면 가까이에 낮게 자라며 상대적으로 키가 작은 관목이나 다년초이다. 이는 낮고 넓게 퍼져 주변의 다양한 관목의 하부 식재로 심으면 안정감이 있고 균형감을 잡아 준다. 대표적으로 눈향나무, 휴케라 등이 있다.

뾰족형은 대부분 초화류에서 볼 수 있으며 붓꽃, 실유카, 그라스류 등으로 잎새가 곧게 뻗어 있어 힘차고 경쾌한 느낌이다. 원뿔형은 튤립, 리아트리스, 루드베키아 등으로 꽃대가 올라와 화려하게 화단을 장식한다. 이는 일년초나 다년초들로 손쉽게 바꿀 수 있어 정원에 변화를 줄 수 있다.

덩굴형은 등나무, 덩굴장미, 클레마티스, 으름덩굴 등이 있다. 퍼걸러에 올리거나 조형적인 수목 지지대를 이용하여 다양한 연출이 가능하다. 처짐형은 줄기가 가늘고 부드러워 옹벽 위나 베란다에 심으면 아래로 처지면서 자란다. 이러한 생태적 특성으로 수직 구조물에 활용할 수 있으며 영춘화, 줄사철 등이 있다.

매트형은 지표면을 덮는 식물로 잔디가 대표적이다. 이는 옆으로 퍼지는 생장 습성을 가진 식물로 꽃잔디, 섬백리향 등이 있다. 비교적 넓은 면적에 식재하면 나지막이 깔려 화단에 여백을 만들어 준다. 또한 지피 효과가 있어 비탈면에 무리 지어 심으면 토양의 유실을 막는 기능적 역할도 한다.

이러한 다양한 형태는 정원수의 색과 질감과는 달리 정원의 외형적인 윤곽선을 만들어 낸다. 즉 정원수의 형태적 특성을 고려하여 적절하게 배치하면 전체적인 균형과 조화를 이루어 정원 분위기를 더욱 자연스럽고 안정감 있게 만들 수 있다.

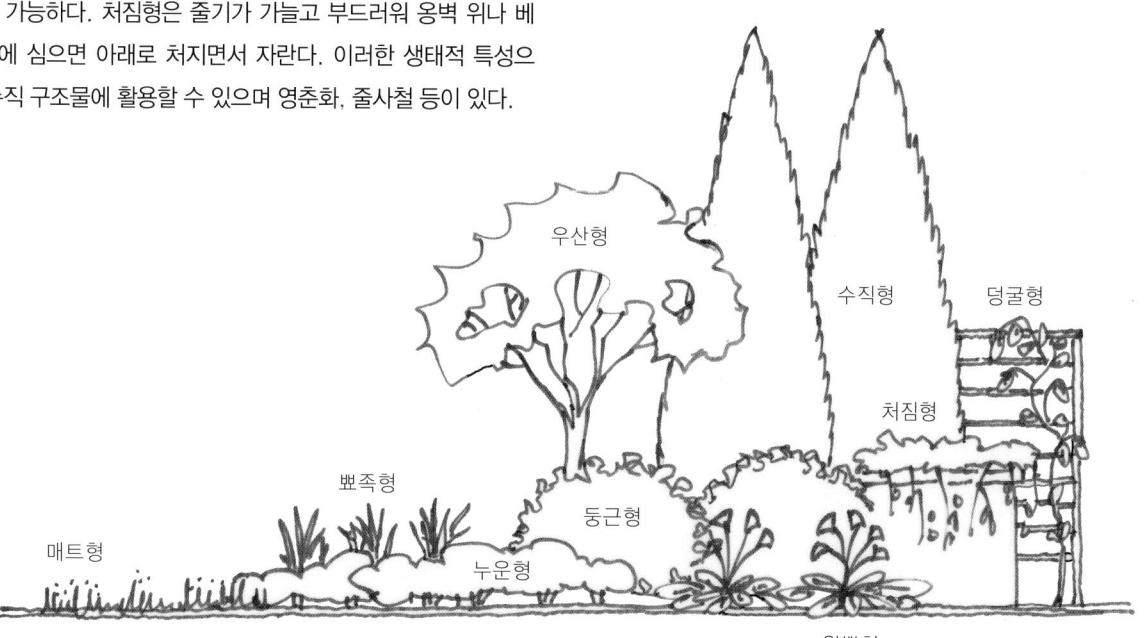

― 정원수의 형태 ―

▲ 매트형 잔디를 깔고 주변에 둥근형 관목을 식재하여 전체적으로 부드러운 분위기이다.

▲ 자갈밭 위에 누운형 상록 관목을 펼치고 뾰족형의 독일 붓꽃으로 수직적 요소를 두어 강조하였다.

▲ 둥근형 목수국과 누운형 숙근 제라늄을 이용해 현관 앞을 대칭으로 꾸며 포근한 분위기를 만들었다.

▲ 수직형 상록수는 수평으로 선을 강조한 식재 디자인과 대조를 이루어 정원 디자인을 더욱 돋보이게 한다.

■ 정원수의 색

<꽃밭>이라는 정겨운 단어가 우리에게 주는 이미지는 화단에 펼쳐진 아름다운 색일 것이다. 그리고 그 색은 자연색으로 정서적으로 안정적이다. 그중에서도 가장 눈에 띄는 색은 꽃의 색이지만 사계절 내내 정원의 색을 지배하는 것은 신록과 단풍의 주체가 되는 잎의 색이다. 그리고 개성 있는 문양을 갖고 있는 줄기의 색도 다양하다. 또한 매력적인 열매는 꽃이 없는 긴 겨울 동안 정원에 아름다운 색을 입히기도 한다.

사람들마다 좋아하는 색이 다르듯이 좋아하는 정원수의 꽃 색도 취향에 따라 다를 것이다. 하지만 색에 대한 반응은 일반적으로 붉은색, 노란색, 주황색은 따뜻한 색이고 초록색, 파란색, 흰색은 시원하거나 차가운 색으로 느끼게 된다. 그래서 이들의 강한 대조는 활력적이고 생동감이 있으며 유사색의 대비는 안정적이고 편안한 분위기를 만든다.

어떤 사람은 역동적인 것을 좋아하고 어떤 사람은 편안한 것을 좋아하는 등 차이가 있다. 정원의 용도에 따라 색깔이 달라질 수 있다. 즉 놀이 위주의 정원은 빨간색과 노란색 위주의 꽃색을 선택하여 식재한다면 역동적이며 활력적인 분위기를 만들 수 있다. 반대로 휴식과 사색을 위한 정원이라면 파스텔 톤의 분홍이나 청색 계열의 정원이 어울릴 것이다.

또한 정원에서는 대부분 여러 종류의 정원수를 심기 때문에 색의 배합이 매우 중요하다. 자신이 좋아하는 색이 어떤 색이며 어떤 색이 서로 조화가 잘 되는지 알고 있으면 정원수 선택에 크게 도움이 될 것이다. 이러한 여러 가지 색의 특성을 이용하여 정원에 자신의 취향을 연출할 수 있다.

흰색 계열은 순결과 청초함을 느끼게 하는 색이다. 모든 빛을 반사하며 아무런 색도 없는 가장 밝은 무채색이다. 그래서 흰색 꽃은 어떤 색의 꽃과도 잘 어울린다. 또한 흰색 꽃은 여러 문화권에서 정신적 순결을 상징하기 때문에 많은 사랑을 받는다. 흰색 꽃을 위주로 디자인하여 흰색 정원(White Garden)이라는 이름으로 정원을 꾸미기도 한다. 교목으로 백목련, 산사나무 등의 꽃이 흰색이며 관목으로는 조팝나무, 병아리꽃나무 등이 있다.

노란색 계열은 햇빛, 젊음, 기쁨, 즐거움의 색이다. 진한 노랑의 금속광택이 도는 황금색은 황금, 돈 등을 상징하여 부와 권위, 풍요로움을 나타내기도 한다. 붉은색이 섞인 주황색은 따뜻한 느낌을 주며 연한 노란색은 명랑하고 경쾌한 느낌이다. 겨울을 뚫고 나오는 복수초의 노란 꽃과 그 뒤를 이어 피는 산수유의 노란색 꽃은 춥고 긴 겨울을 녹이기에 충분하다. 또한 <희망>이라는 꽃말을 갖은 개나리는 개나리색 이라는 색상 이름이 있을 정도로 노란색 계열의 대표적인 정원수이다. 노란색 계열은 따듯하고 밝은 색으로 주변을 환하게 만드는 효과가 있다. 햇빛이 많이 비치지 않는 약간 그늘진 곳에 심어도 좋다.

붉은색 계열은 감각과 열정을 자극하는 색이다. 특히 꽃 색은 일반적으로 장미와 카네이션이 붉은색이듯이 꽃의 색을 대표하기도 한다. 관목이나 교목으로 붉은색의 꽃은 모란, 명자나무, 동백 등이 있다. 자극적이고 강렬하기 때문에 정원에 화려함과 극적인 효과를 준다. 또한 빨간색은 잎의 색인 초록색과 보색 관계로 대비 효과가 크다. 심리적으로는 부정적인 사고를 극복할 수 있도록 하며 활기와 야망을 갖게 한다.

분홍색은 연하고 부드러우며 여성스럽고 온화한 느낌의 색이다.

흰색 : 1 병아리꽃나무, 2 나나스덜꿩나무, 3 으아리, 4 목수국
노란색 : 1 겹황매화, 2 산수유, 3 영춘화, 4 장미

이른 봄 산야의 진달래꽃이 대표적이며 벚나무, 살구나무 등이 있다. 섬백리향은 작은 분홍꽃으로 지면을 덮는다. 분홍색은 심리적으로 공격적인 감정을 진정시키고 정서를 안정시킨다.

푸른색 계열은 바다와 하늘을 연상시키는 색으로 상쾌함, 신선함 그리고 시원한 느낌을 주며 깊이감이 있다. 빨강이 정열을 불붙이는 색이라면 파랑은 진정시키거나 잠재우는 색이다. 하지만 순수한 파란색 꽃은 드물고 보랏빛이 돌거나 파스텔 톤이 많다. 파란색 꽃으로 빈카마이어, 붓꽃, 현호색 등이 있으며 연한 파스텔 톤으로는 산수국, 수수꽃다리 등이 있다. 또한 푸른색은 청매(靑梅), 청과(靑果) 등과 같이 미숙하거나 신선하다는 뜻이 있어 생동감을 준다.

보라색은 품위 있는 고상함과 함께 외로움과 슬픔을 느끼게 한다. 또한 푸른 기운이 많은 보라는 장엄함, 위엄 등의 깊은 느낌을 주며, 붉은색 기운이 많은 진한 보라색은 여성적, 화려함 등을 나타낸다. 진한 보라색 꽃으로 자목련이 있으며 연한 보라색 꽃은 등나무, 오동나무 등이 있다.

푸른색 계열과 보라색 계열의 꽃은 자연계에서 흔하지 않은 꽃색으로 많은 정원사들의 관심을 받고 있다. 그래서 원예 학자들에 의해 신품종 개발이 활발하게 이루어져 파란색 카네이션이나 보라색 튤립 등 희귀한 꽃 색을 만들어 내고 있다.

분홍색 : 1 섬백리향, 2 꽃사과나무, 3 서부해당화, 4 미선나무
붉은색 : 1 붉은인동, 2 붉은조팝나무, 3 병꽃나무, 4 배롱나무
보라색 : 1 빈카마이너, 2 클레마티스, 3 산수국, 4 무스카리

정원수의 색에서 수피. 즉 나무줄기의 색을 빼놓을 수 없다. 수피의 색은 자작나무의 흰색, 흰말채나무의 붉은색, 감나무의 검은색 그리고 황매화, 대나무, 벽오동의 초록색 등이 있으며 이는 겨울 정원에 색을 입힌다.

하지만 정원에 전반적인 색은 초록색이다. 초록색은 우리 눈에 가장 편안함을 주는 색이다. 노란색과 파란색의 혼합색인 초록은 온도감에서는 중성색에 속하므로 강렬한 느낌보다는 중성적인 느낌이 들고, 심리적으로는 스트레스와 격한 감정을 차분하게 가라앉히어 균형감을 주는 색이다.

초록(草綠) 색은 한자로 풀 초(草)자를 쓰듯이 정원수 잎의 색은 대부분 초록색이며 이 초록색은 정원 디자인에 있어서 기본색이라 할 수 있다. 또한 정원에서 초록색은 초봄에 새싹을 피우는 초생엽의 노란 연두색부터 한 여름의 푸르름을 지배하는 청록색 그리고 겨울에 생동감을 주는 상록수의 진한 초록색 등 다양하다. 또한 잎의 테두리나 부분적으로 노란색이나 흰색이 있는 무늬종이 발달하여 정원에 더욱 화려한 초록색의 연출이 가능하게 되었다.

더욱이 이 초록색은 가을이 되면 다양한 단풍의 색으로 변하여 노란색, 붉은색으로 정원에 또 다른 화려한 색을 입힌다. 단풍나무, 벚나무, 화살나무는 선명한 붉은색을 띠며 은행나무, 계수나무, 자작나무, 철쭉류 등은 노란색 단풍을 만든다.

더구나, 초생엽이나 단풍 이외에도 정원수의 초록색은 같은 수목, 같은 계절이라고 하여도 식재 장소와 시간 등 햇빛의 정도에 따라 다양하게 변한다. 이러한 다양한 초록색의 선택은 식재 계획뿐만 아니라 전체적인 정원 디자인에 있어서 매우 중요한 역할을 하게 된다.

정원에서 색의 배합은 이론으로 정립하기 쉽지 않은 일이다. 다양한 정원수에 각자의 취향, 기호 그리고 주변 환경 등이 연관되기 때문이다. 즉 정원 디자인에서 색의 배합은 가장 큰 그리고 어려운 문제이다. 정원수의 색 배합에 관한 지식을 습득할 수 있는 방법은 우선 자신의 개인적인 취향을 알아내고 시간을 갖고 내 정원에서 직접 경험하는 것이 최선일 것이다.

초록색

1. Viridian
2. True green
3. Emerald green
4. Light green
5. Apple green
6. Moss green
7. Sap green
8. Juniper green
9. Night green
10. Hooker's green
11. Grey green
12. Cedar green
13. Olive green

1. 꽃댕강나무
2. 오색버들
3. 삼색조팝
4. 붉은조팝
5. 목수국
6. 철쭉
7. 쥐똥나무
8. 낙상홍
9. 공조팝나무
10. 병아리꽃나무
11. 라벤더

■ 정원수의 질감

정원수의 질감은 꽃보다는 줄기나 잎이 만들어 내는 전체적인 느낌이다. 주로 잎의 크기, 모양, 밀도 그리고 표면 광택의 유무에 따라 질감이 형성된다. 이러한 질감은 계절에 따라 변화하고 감상 거리나 빛의 방향에 따라 영향을 받는다.

질감은 시각적 느낌과 촉각적 느낌이 있다. 정원수의 경우 일반적으로 식물의 표면에서 느끼는 거칠음, 부드러움, 매끄러움 그리고 두툼하고 시원스러움으로 느낄 수 있다. 또한 촘촘하게 달린 잎이나 성글게 달린 잎의 밀도에 따라 투영도 차이가 있어 전체적인 질감이 달라진다.

소나무, 주목 등 대부분의 상록 침엽수는 잎이 뾰족하고 딱딱하여 거친 느낌이 난다. 반면 단풍나무, 수수꽃다리 등 낙엽 활엽수는 일반적으로 넓고 편편한 잎으로 부드러운 느낌을 준다. 매끄러운 질감의 정원수는 대부분 잎 표면에 광택이 있다. 이는 잎의 표면에 큐티클(cuticle; 동물의 상피세포나 식물의 표피에서 분비된 여러 가지의 물질이 굳어 그 표면에 이룬 망상구조의 총칭)이 발달하여 광택이 난다. 이는 남부지역의 아열대 식물에 많은데 이는 수분의 증산작용을 막기 위하여 큐티클층이 발달하였기 때문이다. 예를 들면 동백나무 꽃치자나무, 돈나무, 팔손이 등 남부 수종이 많다.

시원스러운 느낌의 정원수는 대부분 잎이 크고 넓은 오동나무, 쪽동백나무, 박태기나무 등이 있으며 초화류는 비비추, 옥잠화 등이 대표적이다. 붓꽃, 상사화 등 외떡잎식물들도 위로 뻗은 잎들이 시원스러운 질감을 느끼게 한다. 또한 세덤류나 큰꿩의비름, 송엽국 등은 전체적으로 부드럽게 보이며 통통한 잎이 두툼한 질감을 만든다.

또한 작고 조밀한 잎의 질감은 상대적으로 거리감을 느낄 수 있으며 상대적으로 넓고 성근 잎의 질감은 두드러져 보여 시각적으로 가까운 느낌을 만들어 낸다. 즉 정원수의 질감의 효과는 상대적으로 공간을 넓게 보이게 하거나 그 반대 효과로 아늑한 공간을 연출하는데 응용된다.

정원수의 질감이 좀 더 효과적으로 드러나게 하려면 서로 다른 질감을 대비시킨다. 이는 정원수를 돋보이게 하거나 풍성한 분위기를 만든다. 특히 화단 조성에서 다양한 질감의 초화류를 적절하게 조합하여 식재하면 질감의 대비가 크다. 즉 캔버스에 바탕면을 그려놓고 그림을 그리듯이 개성 있는 정원을 연출할 수 있다. 더욱이 정원수의 질감은 정원수의 형태 그리고 색과 함께 고려되면 더 큰 효과를 얻을 수 있다.

■ 잎의 질감

거칠음	부드러움
꽃잔디	톱풀
상록패랭이	금낭화
맥문동	라벤다

참고 2   정원수의 분류

정원수는 각각의 이름이 있다. 하지만 같은 꽃도 언어에 따라 다르고 나라나 지방에 따라 부르는 이름이 다르다. 이를 세계인들이 서로 이해할 수 있게 공용의 이름을 정하였다. 모든 식물은 학명(學名, Scientific name)이라는 이름으로 학술적 편의뿐만 아니라 원예 산업에서도 국제적으로 통용되고 있다.

학명은 이명법(二名法, binominal nomenclature)을 쓴다. 이명법은 린네가 창안한 명명법으로 동물이나 식물의 이름에 라틴어로 속명, 종명 그리고 명명자나 발견자 이름을 나란히 쓴다. 예를 들어 무궁화의 학명을 보면 Hibiscus syriacus L. 이다. 여기서 맨 뒤의 <L.>은 무궁화의 이름을 지어준 린네(Linné)라는 사람의 이름에서 그의 머리글자를 붙인 것이다.

린네(Carl Von Linné, 1707-1778)는 스웨덴의 식물학자이자 이러한 생물분류법의 기초를 확립한 사람이다. 그는 1735년 출간한 저서 <자연의 체계(Systema naturae)>에서 이명법을 발표하였다. 모든 식물을 속명(屬名, genus name)과 종명(種名, species name)으로 분류하여 체계화한 것이다. 린네는 "식물분류학의 아버지"로 불리며 현재까지 그가 만든 동식물의 분류 방법을 사용하고 있다.

하지만 정원수를 디자인할 때는 식물의 학술적인 분류 체계보다는 정원수의 특성이나 필요한 목적에 따라 식재하게 된다. 그래서 나무의 크기 및 생육 특성으로 분류한 교목, 관목 그리고 초화류로 나누는 것이 일반적이다. 그리고 야생화, 허브 등과 같이 기능이나 용도에 따라 분류하기도 하고 다육식물, 수생 식물과 같이 서식지에 따라 분류하여 그 집단의 이름을 붙였다.

■ 정원수의 생육 특성에 따른 분류

교목 [tree, 喬木]
교목(喬木)은 높을 喬자를 쓰듯이 키가 크고 줄기가 대부분 곧게 자라는 나무이다. 성목이 되었을 때 나무의 높이가 5m를 넘으며 수간(樹幹)과 가지의 구별이 뚜렷하다. 수간은 중심에 보통 1개로 자라며 소나무, 목련, 감나무 등이 이에 속한다. 수간이 여러 개로 자랄 수 있는 마가목, 때죽나무 등은 다간형으로 풍성한 분위기이다.

관목 [shrub, 灌木]
관목(灌木)은 보통 2m 이하의 수목으로 교목보다 키가 작고 수간(樹幹)과 곁가지의 구별이 분명하지 않으며 밑동에서 서너 개의 가지가 함께 자라는 나무이다. 정원에서 키 큰 교목보다 눈높이에 맞게 꽃을 감상하기에 좋아 화관목(花灌木)이라 부르기도 한다. 무궁화, 철쭉, 진달래 등이 이에 속한다.

초화류 [herbaceous ornamental plants, 草花類]
초화(草花)류는 생육단계가 짧고 대부분 아름다운 꽃이 피는 풀로 여러해살이 풀인 다년초(多年草), 이년초(二年草) 그리고 한해살이 풀인 일년초(一年草)가 있다. 즉 일년초는 1년 안에 발아, 생장, 개화, 결실의 생육단계를 거쳐서 일생을 마치는 풀이며 이년초는 첫해에 싹이 터서 겨울을 나고 다음 해까지 자라서 꽃이 피고 열매를 맺은 뒤 죽는 초화로 꽃양귀비, 수레국화 등이 있다. 다년초는 겨울에 땅 위의 줄기는 마르고 땅 속에 뿌리가 남아 있어 봄이 되면 다시 돋아나는 풀이라 하여 숙근초(宿根草)라고도 한다.

■ 정원수의 기능이나 용도에 따른 분류

야생화 [wildflower, 野生花]
야생화는 주로 초화류이며 산과 들에서 저절로 자라서 피고 지는 꽃이다. 우리말로는 '들꽃'이라 부른다. 정원의 꽃들은 대부분 야생화이었으며 정원사들의 사랑으로 식물 학자나 원예가들에 의해 육종되어 다양한 품종으로 개발되고 있다.

지피식물 [ground cover plant, 地被植物]
지피식물은 지면을 덮는 습성을 갖은 식물로 높이는 30cm 이하로 초화류가 대부분이다. 식물로 땅의 표면(表面)을 덮을 수 있어 경사지에서 풍해나 수해로 인한 토양 침식을 막아주는 중요한 기능을 하고 있다. 대표적으로 잔디를 들 수 있으며 그 외에 꽃잔디, 수호초, 맥문동, 백리향 등이 있다.

허브 [herb]
허브란 라틴어의 <푸른 풀>을 의미하는 허바(Herba)에서 출발하였다. 주로 관목이나 초화류로 식물의 잎, 줄기 및 뿌리가 식용이나 약용으로 이용된다. 또한 식물의 향기나 향미를 추출하여 향수나 조미료로 활용한다. 원산지가 외국인 세이지, 라벤다, 로즈마리 뿐만 아니라 단오날 머리를 감는데 쓰던 창포와 양념으로 유용하게 쓰는 고추, 마늘, 파 등이 모두 허브이다.

과수 [fruit tree, 果樹]
과수는 생식하거나 가공해서 식용에 쓰이는 과실을 생산하는 식물이다. 먹을 수 있거나 유용한 열매를 맺는 나무라서 유실수(有實樹)라고도 한다. 유실수는 대표적으로 대추나무, 감나무 등이다. 하지만 꽃이 아름다운 과수도 있다. 교목으로 매화나무, 산수유, 살구나무 등이 있으며 관목인 앵두나무, 블루베리, 아로니아(초크베리) 등은 꽃도 아름다워 정원수로 인기가 있다.

■ 정원수의 서식지에 따른 분류

고산식물 [alpine plant, 高山植物]

고산대(高山帶)에 생육 분포지역을 둔 식물이며 다년생 풀과 키가 작은 관목이 많다. 낮과 밤의 온도차가 크고 바람이 센 특수한 환경 때문에 뿌리가 발달하였으며, 잎은 작고 꽃은 비교적 크다. 고산 식물로 월귤나무, 산진달래 등이 있으며 에델바이스는 유럽 알프스의 대표적인 꽃으로 알려져 있다.

다육식물 [succulent plant, 多肉植物]

다육식물은 사막이나 높은 산 등 수분이 적고 건조한 날씨의 지역에서 살아남기 위해, 땅 위의 줄기나 잎에 많은 양의 수분을 저장하고 있는 식물을 말한다. 이는 아프리카 대륙을 중심으로 비교적 따뜻한 곳에서 자라지만 적절한 환경을 조성하면 전 세계 어느 곳에서나 키울 수 있다. 대표적인 다육식물은 선인장이지만 정원에서는 용설란, 큰꿩의비름, 돌나물 등이 있다.

수생식물 [hydrophyte, 水生植物]

수생식물은 전체적으로나 부분적으로 수중(水中)이나 아주 습(濕)한 토양에서 자라는 식물이며 습지식물이라고도 한다. 일반적으로 지상부에 비해 지하부의 발달이 미약하지만, 갈대류처럼 지하부에 통기조직이 발달한 것도 있다. 연못에서 키울 수 있는 연, 수련, 부레옥잠 등이 있다.

덩굴식물 [vine]

덩굴식물은 줄기가 하늘을 향해 곧게 서서 자라지 않고, 지면을 기어가거나 다른 물체에 의존해서 덩굴을 이루며 자라는 식물이다. 목본성(木本性)과 초본성(草本性)이 있는데, 나팔꽃, 으아리, 오이, 콩류가 흔히 볼 수 있는 초본성 덩굴식물이며, 등나무, 담쟁이, 능소화, 인동 등이 목본성 덩굴식물에 해당한다.

6.2 정원수의 기능

정원수는 그 자체의 생명력과 아름다움을 정원에 담아 낼 뿐만 아니라 정원을 조성하는데 여러 가지 기능으로 중요한 역할을 하고 있다. 교목이나 관목의 줄기는 정원의 공간을 구성하거나 동선을 유도하는 구조적 역할을 하며 잎은 바람, 햇빛 그리고 습도를 조절하여 쾌적한 미기후를 만들어 내는 기후 조절 기능이 있다. 또한 토양의 침식이나 소음을 조절하는 생태 공학적 역할이 있다. 이러한 정원수의 다양한 기능적인 역할을 충분히 고려하여 정원수를 디자인하면 더욱 쾌적한 분위기의 정원을 조성할 수 있다.

■ 공간 구성 및 동선 유도

정원수는 건축물에서 기둥, 벽 그리고 천정이 실내의 공간을 구성하고 있듯이 정원수의 식재 간격, 밀도 그리고 수관폭으로 실외에서 공간을 구성 할 수 있다. 즉 정원수의 줄기는 수직적인 요소로 건물의 기둥과 같은 역할을 하며 소교목이나 관목을 일렬로 식재하여 간격을 조절하면 건물의 벽과 같은 효과를 만들어 낸다. 이는 한 공간을 만들거나 공간과 공간을 분리할 수 있다. 이러한 정원수의 건축 구조적 역할을 이용하여 정원에 필요한 공간을 조성하고 외부와의 시설을 차폐하거나 공간의 틀을 디자인한다. 또한 우산형의 낙엽 활엽수는 무성한 잎으로 지붕과 같은 역할을 하여 나무 아래 아늑한 공간을 만들기도 한다.

정원수는 식재 방법에 따라 동선을 자연스럽게 유도할 수 있다. 진입부에 나무를 열식하여 사람과 차량의 움직임을 유도하거나 대문에서 현관의 위치를 알려준다. 또는 산책로로 가는 방향을 시선으로 유도하여 자연스러운 접근을 이끌어 낼 수 있다. 그리고 정원 내부에서는 공간별 소로나 화단을 따라 낮은 관목이나 초화류를 식재하여 꽃들을 보며 관찰하기 좋은 길의 흐름을 유도한다.

− 정원수로 형성되는 공간 −

■ 시선의 차폐와 조절

정원수의 적절한 식재를 이용하면 정원의 각 공간이나 길에서 시선을 차단하거나 열어 줄 수 있다. 이는 내부에서 외부로 보이는 풍경이나 외부에서 내부로 보이는 풍경을 조절한다. 또한 정원수의 줄기와 잎으로 액자의 틀과 같은 형상을 만들어 부분적인 풍경을 조망할 수 있다.

정원수를 이용한 시선 차폐의 대표적인 경우는 생울타리이다. 이는 블럭이나 목재를 재료로 하는 담장이나 울타리보다는 넓은 면적을 필요로 하지만, 경사면이나 둔덕을 이용하는 경우보다는 좁은 면적으로 높은 차폐 효과를 갖는다. 또한 정원수로 차폐를 할 때에는 계절을 고려하여 수종을 선택하여야 한다. 상록성 수목을 식재하면 1년 내내 시야를 차단시킬 수 있으므로 지속적인 식생 울타리 역할에 적합하다. 하지만 상대적으로 답답한 느낌이 있다.

또는 어느 한 방향의 시야만을 부분적으로 차폐하려면 적절하게 상록수와 낙엽수를 혼합 식재하거나 수종에 따른 정원수의 키를 이용하여 균형이나 흥미를 유발할 수 있다.

▲ 큰 나무의 가지가 액자의 틀을 만들어 멀리 보이는 마을을 액자에 담았다

▲ 상록수를 일정한 간격으로 식재하여 시선을 차단하고 있다.

― 식재를 이용한 시선 차단 ―

■ 그늘과 바람의 형성

정원수는 적절한 위치에 식재하면 여름철 따가운 햇빛 아래 그늘을 만들며 시각적으로도 시원스러움을 제공한다.

태양의 고도와 주택의 향을 고려하여 정원수를 식재하면 주택의 냉방이나 난방에 도움이 된다. 키가 큰 나무는 주택의 남쪽이나 남동쪽을 피하여 겨울철 햇살을 막지 않게 한다. 그리고 주택의 서쪽에 키 큰 낙엽 활엽수는 그늘을 길게 만들어 여름철 따가운 오후 햇살과 석양을 막아 준다. 또한 밤 사이 내려앉은 주택 내부의 서늘하고 축축한 공기를 아침 햇살로 건조시키려면 동쪽에 키 큰 나무를 심지 않는 것이 좋다.

지형에 따라 많은 변수가 있으나, 일반적으로 수목 식재에 의해 겨울철에 북서쪽에서 불어오는 찬바람과 여름철의 덥고 습한 바람을 차단해 준다. 정원수의 배치에 따라 부지 내부로 통과하는 공기의 이동은 서늘하고 좀 더 안락한 효과를 제공한다. 예를 들어 식재로 좁은 통로를 형성하여 깔때기 형태를 만들면 시원한 골바람이 부는 바람의 통로를 제공할 수 있다.

▲ 테라스에 그늘을 제공할 뿐만 아니라 넓은 수관은 지붕 역할을 하여 아늑한 공간을 만들었다.

▲ 시원스러운 나무 그림자가 잔디밭에 내려 앉아 진한 초록색으로 그림을 그리고 있다. 조형적 의미도 있다.

- 정원수의 방풍 효과 -

■ 토양의 침식 방지

정원수는 적절한 식재로 정원의 토양 침식을 조절하거나 방지하는 기능을 한다. 지표면에 풀과 나무가 자라면서 뿌리가 토양 입자를 잡고 있다. 이는 강한 바람이 불거나 폭우가 내리더라도 뿌리의 역할로 표토의 유실을 막아 준다. 또한 정원수의 무성한 잎과 줄기는 지표면을 때리는 폭우나 우박의 충격을 완화해 주는 효과가 있어 토양의 패임을 막아준다. 또한 낙엽의 역할도 지표면에 흐르는 빗물의 속도를 늦춰주어 우수와 함께 토양이 쓸려 내려가는 것을 방지할 수 있다.

지표면이 초화류의 식재나 낙엽 등으로 덮여 있으면 이슬이나 빗물의 수분을 흡수하고 있거나 토양 수분의 증발을 막아 전체적으로 토양의 함수율을 높여 주어 토질이 좋아진다. 특히 경사면에서는 유기물 함량이 높은 표토의 유실을 막는다.

이러한 용도의 지피식물은 잔디가 가장 일반적으로 사용되나 그라스류나 철쭉류 등 다양한 식물로 침식 방지 기능뿐만 아니라 미적 효과를 얻을 수 있다.

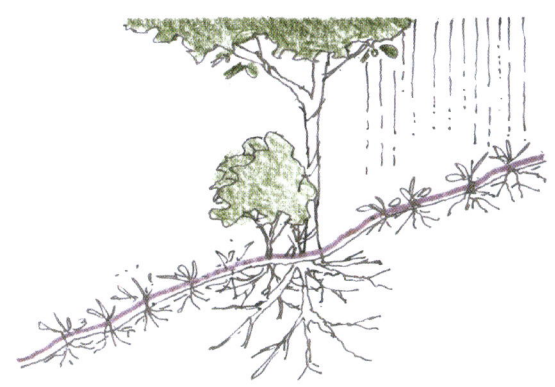

― 토양의 침식 조절 ―

▲ 경사지에 석축을 쌓아 테라스를 만들고 석축 위에 토양 침식을 막기 위하여 식재하였다.

▲ 생울타리로 경계를 주고 토양 침식을 막기 위하여 급한 경사지에 지피식물을 식재 하였다.

6. 3 식재 디자인 과정

식재 디자인은 정원의 용도나 유형 그리고 정원의 규모에 따라 다양한 방법이 있어 이곳에서 자세한 내용을 다루기는 어렵다. 단지 식재 디자인의 큰 틀을 만들기 위한 기본적인 과정을 이해함으로써 내 정원에 응용할 수 있다.

1. 정원의 특징을 대표하는 수종이나 상징수를 결정한다.
대표 수종이나 상징 수목은 정원의 유형에 맞는 정원수를 선정한다. 이는 정원의 특징을 강조하고 주택이나 정원을 상징하여 개성 있게 연출한다. 예를 들어 동네에서 <감나무 집>, <은행나무 집>이라고 불리듯이 그 집의 이름이 된다. 이러한 상징적 수목은 대문 앞이나 진입로 또는 거실 창을 통해 보이는 큰 그림 안에 담을 수 있는 적당한 위치에 계획한다.

2. 각 공간의 기능에 적합한 수종을 선택한다.
정원수의 기능적 역할을 이용하여 4단계에서 만든 땅 가름에 적합한 수종을 선택한다. 즉 정원수를 이용하여 동선을 유도하거나 공간을 구성하여 정원의 큰 틀을 조성한다. 또한 외부와의 시설을 차폐하는 생울타리나 그늘을 제공하는 녹음수 등을 우선적으로 배치한다. 정원수의 줄기는 공간의 가장자리에 식재하여 건축물의 기둥과 같은 역할로 한 공간과 다른 공간을 분리한다. 그 사이에 소교목이나 관목을 촘촘히 식재하면 건물의 벽과 같은 효과를 주어 하나의 위요 공간을 만들 수 있다.

3. 전체적으로 상록수와 낙엽수의 비율과 배치를 고려한다.
특정한 정원 디자인 개념이 아니라면 낙엽수와 상록수의 적절한 배합으로 조화를 이루는 것이 좋다. 시원하고 풍성한 느낌을 주는 낙엽수 위주의 식재는 겨울철 생동감이 부족하다. 반대로 차분한 분위기를 만드는 상록수 위주의 식재는 겨울에도 초록색으로 정원에 생동감을 주지만 상대적으로 계절감이 떨어진다. 상록수와 낙엽수의 비율은 일반적으로 3:7 정도가 적절하다. 그리고 상록수와 낙엽수의 배치는 한 쪽으로 치우치지 않게 적절히 식재하여 균형감을 유지하는 것이 바람직하다.

4. 정원수의 개화 시기와 꽃 색깔을 고려하여 디자인한다.

정원에서 계절의 변화를 느끼고 아름다움을 감상하는 것은 꽃들로 연출된다고 해도 과언이 아니다. 이를 위해서는 정원수의 개화 시기와 꽃 색깔을 고려하여 수종을 선택하여야 한다. 교목이나 관목뿐만 아니라 초화류의 경우 효과적인 조합으로 적절한 위치에서 연속적으로 다양한 꽃이 피고 지는 화단을 만들어 아름다운 꽃들을 감상할 수 있게 디자인한다. 이는 식재 디자인 중에서 매우 복잡하고 중요한 요소이므로 정원수의 개화 시기에 관한 내용은 <6.4. 일곱 계절의 정원>에서 다루며 정원수의 꽃 색깔 조합에 대해서는 <6.5. 화단의 혼합 식재>에서 별도로 자세히 다루도록 한다.

5. 정원수의 생태적 특성을 고려하여 배치한다.

식물은 광합성으로 양분을 만들기 때문에 햇빛의 요구량에 따라 음지성, 양지성 및 반음지성 식물로 분류하며 그에 맞는 적절한 위치에 식재하여야 한다. 또한 정원수는 충분한 성장을 위한 적정한 면적이 필요하다. 즉 교목, 소 교목, 관목 및 초화류에 따라 성장 속도와 크기 및 부피가 다르기 때문에 부지의 자연 환경 조건과 각 정원수의 생태적 특성을 고려하여 생육 공간을 확보하여 주어야 한다. 건강한 정원수는 정원을 아름답게 만드는 매우 중요한 요소이다.

6. 전체적으로 조화롭고 통일된 느낌을 연출한다.

1~5의 과정에서 식재 디자인이 거의 완성되었다. 하지만 각 단계에서 선택된 서로 다른 정원수들 사이에 미치는 영향을 분석하여야 한다. 즉 각각의 정원수들이 전체적으로 서로 조화로운 관계인지 재검토한다. 이는 각 정원수의 크기, 형태, 색채 그리고 질감이 갖고 있는 서로 다른 디자인 요소들과 식재 패턴에 의한 구성 사이에서 일관되게 느껴지는 전체적인 분위기이다. 아름다운 정원을 만들기 위해서 식재 디자인은 이들 관계가 조화롭고 통일되게 연출되어야 한다.

6. 4 일곱 계절의 정원

초봄을 알리는 복수초, 화려한 금낭화, 5월의 여왕 장미꽃, 다소곳한 매발톱꽃, 한여름의 싱그러운 옥잠화, 가녀린 구절초 그리고 눈 덮힌 수크령의 우아한 자태를 정원에 담는다.

이런 방법으로 정원수를 디자인하려면 정원의 계절은 봄, 여름, 가을 그리고 겨울이라는 사 계절로 나누기에는 뭔가 아쉬움이 남는다. 그래서 정원에서는 다양한 꽃들이 피는 봄과 여름을 세분화하여 초봄, 늦봄, 초여름을 넣었다. 즉 사계절을 일곱 계절로 나누어 정원을 충분히 즐길 수 있게 한다.

이러한 시도는 독일의 원예 학자이자 최고의 정원사인 칼 푀르스터(Karl Förster, 1874-1970)가 이론적으로 정립하였다. 그는 포츠담의 보님(Potsdam-Bornim)에 있는 자신의 정원에서 다양한 식물을 육종하고 실험하면서 <일곱 계절의 정원>을 연출하게 되었다.

이는 다년생 초화류뿐만 아니라 벼과식물, 고사리, 상록 관목들을 조합하여 초봄부터 늦가을 그리고 겨울까지 늘 아름답게 변화하는 정원을 가꾸는 것이다. 즉 <항상 꽃이 피어 있는 정원>이란 취지 아래 계절에 따라 다양한 정원수를 조합하였다.

그의 노력으로 <일곱 계절의 정원> 뿐만 아니라 겨울에도 마른 지상부가 남아 있는 글라스류나 다년초를 혼합 식재하는 <겨울 정원>이란 개념도 생겼다.

일곱 계절의 정원은 내 정원에서 일어나는 싹이 나고 꽃이 피고 단풍이 드는 자연의 아름다운 모습을 체계적으로 일 년 내내 즐기기 위함이다. 이는 실제로 일곱이라는 숫자보다는 다양한 정원수의 미적 가치를 관찰하고 감상하여 사계절 내내 풍부하고 아름다운 감성을 느낄 수 있는 정원을 조성하는 것이다.

7 계절과 4 계절

월별	2/3월	4월	5월	6월	7/8월	9/10월	11/12/1월
4계절	초봄	봄	늦봄	초여름	여름	가을	겨울
7계절	SEASON 1	SEASON 2	SEASON 3	SEASON 4	SEASON 5	SEASON 6	SEASON 7

"아지랑이 피는 초봄은 영춘화로부터 시작된다." | 초봄, 2/3월 |

Season 1

다년초 – 수선화, 무스카리
관목 – 진달래, 영춘화
교목 – 산수유, 매화나무

"싱그러운 초록의 향연이 펼쳐지는 계절이다." | 봄, 4월 |

Season 2

다년초 – 종지나물, 튜립, 금낭화
관목 – 조팝나무, 병아리꽃나무
교목 – 자목련, 서부해당화

"계절의 여왕이라 부르는 5월을 정원에서 만나다."　　|늦봄, 5월|

Season 3

다년초 – 붓꽃, 작약, 으아리
관목 – 미스김라일락, 나나스덜꿩나무, 공조팝나무
교목 – 때죽나무, 마가목

"비가 오고 바람이 불면 나무 아래에선 꽃비가 내린다."　| 초여름, 6월 |

∘ Season 4

다년초 – 송엽국, 백합, 클레마티스
관목 – 댕강나무, 고광나무, 붉은조팝나무
교목 – 노각나무, 산딸나무

"정원은 한여름의 더위에 그 푸르름을 더해간다." | 여름, 7/8월 |

Season 5

다년초 – 옥잠화
관목 – 층꽃나무, 산수국, 목수국
교목 – 배롱나무, 자귀나무

| 가을, 9/10월 |

Season 6

"정원은 열매를 맺으며 화사한 단풍으로 옷을 갈아입는다."

다년초 – 구절초, 꽃향유
관목 – 화살나무, 낙상홍 열매, 좀작살 열매
교목 – 단풍나무, 감나무

"열매는 새들을 부르고
정원은 긴 겨울잠으로 휴식을 취한다."

| 겨울, 11/12/1월 |

Season 7

다년초 – 갈대

관목 – 가막살 열매, 나무수국, 미국낙상홍 열매

교목 – 가문비나무, 때죽나무

참고 3 칼 푀르스터

■ 칼 푀르스터

칼 푀르스터(Karl Förster: 1874-1970)는 독일의 식물학자이자 정원사이며 정원 작가이다. 그는 96세로 세상을 떠날 때까지 60여 년 동안 독일 보르님(Bornim)에 머물며 다양한 초화류를 연구하여 362종의 새로운 품종을 개발하였다. 그리고 그 연구를 글로 남겨 27권의 책을 집필하였다.

그는 왕립 천문대 관리자이자 교수인 아버지와 화가 어머니 사이에서 태어났다. 그는 원예사 교육을 받고 여러 곳에서 원예사로 근무하며 실무를 배운다. 그리고 1910년 보르님에 위치한 5,000 m²정도의 농지를 구입하여 다양한 초화류를 재배하고 연구하기 위한 재배원을 조성한다.

그리고 성악가이자 피아니스트인 힐덴브란트와 결혼하여 1931년 마리안네(Marianne)를 낳는다. 딸은 아버지 밑에서 정원사 교육을 받으며 그의 뒤를 잇게 된다.

독일에서 정원의 아버지로 불리는 칼 푀르스터의 가장 대표적인 업적은 시민들과의 교감이라는 새로운 정원 문화를 만든 것이다. 그는 재배원에서 직접 육종한 다년초들을 일반인에게 보급하고 글과 강연을 통해 대중에게 널리 알렸다. 그리고 자택이 있는 재배원에 전시 정원을 만들어 정원 마니아들에게 자유롭게 방문하여 관찰할 수 있게 하였다.

그는 정원에서 초봄부터 늦가을까지 다양한 꽃들이 연속적으로 피게 하고 겨울에도 아름다운 겨울 정원의 모습을 만들었다. 이러한 식재 디자인 수법이 그가 개발한 <일곱 계절의 정원>이다. 즉 꽃 피는 수목들을 적절히 조합하여 계절을 초봄, 봄, 늦봄, 초여름, 여름, 가을 그리고 겨울의 7계절로 나누어 어떤 계절에도 늘 아름답고 변화하는 정원을 연출하는 것이다. 이 전시 정원은 아직도 그 모습으로 유지, 관리되고 있으며 독일 보르님에 있는 칼 푀르스터 정원이다.

"Wenn ich noch einmal auf die Welt komme, werde ich wieder Gärtner, und das nächste Mal auch noch. Denn für ein einziges Leben ward dieser Beruf zu groß."

- Karl Förster -

"내가 다시 태어난다면 나는 다시 정원사가 될 것이다. 그리고 또 다시 태어나도 마찬가지다. 왜냐하면 이 직업은 한 번의 인생으로 하기에는 너무 광대한 일이기 때문이다."

- 칼 푀르스터 -

■ 칼 푀르스터 정원

이 정원은 독일 포츠담 주변의 보르님(Bornim)에 위치한다. 이곳은 그가 60년 가까이 생전에 살던 집과 다년초를 재배한 재배원이며 연구소이다. 또한 이 정원은 정원 문화를 소개하는 전시장이며 교육의 장소였다. 그리고 그의 외동딸 마리안네와 함께 100여 년 동안 가꾸고 관리한 정원이다.

정원에는 그가 육종한 다년초가 전시되어 있으며 계절을 아우르는 초화류들이 혼합 식재되어 <일곱 계절의 정원>을 연출하고 있다. 주택 앞 쪽의 썬큰 정원, 다년초 정원, 암석 정원 등 주제별로 꾸며져 정원 마니아들이 학습하기 좋게 전시되어 있다. 수많은 정원 식물과 일곱 계절 내내 우리의 오감을 충만하게 해주는 푀르스터의 꿈과 열정이 담긴 정원이다.

칼 푀르스터 정원은 1981년 독일의 정원 문화재로 지정되었으며 2001년 독일 연방 정원 쇼인 BUGA-Potsdam 행사에서 함께 전시되었다. 그리고 이 정원은 지금도 정원사들의 발길이 끊이지 않는 일곱 계절의 정원으로 남아있다.

6. 5 화단의 혼합식재

꽃을 보는 즐거움은 정원의 즐거움 중에 으뜸일 것이다. 예쁘게 피어 있는 꽃도 아름답지만 꽃봉오리가 힘차게 기지개 켜는 모습은 더욱 매력적이다. 이는 자연이 우리에게 주는 활력소와 같은 것이다. 이렇게 꽃들이 만발한 화단을 지속적으로 유지하려면 좀 더 세심한 계획이 필요하다.

일곱 계절의 정원수 디자인에서 계절별로 나누었다면 혼합 식재 디자인은 일년초와 다년초를 중심으로 식물의 크기, 색 그리고 개화시기를 고려하여 화단을 조성하는 것이다. 마치 그림물감으로 한 폭의 그림을 그리듯이 시작하여야 한다. 이러한 화단을 만드는 5 단계의 디자인 과정은 다음과 같다.

1. 화단에 전체적인 색깔을 정한다.

계획하는 화단을 큰 화폭으로 생각하고 전체적인 분위기를 연출하는 색을 결정한다. 유사한 색의 꽃을 선택하여 통일감을 주거나 다양한 색의 꽃으로 대비 효과를 줄 수 있다. 혼합식재는 식물의 종류를 최소한 5가지 이상으로 하는 것이 좋다. 이들을 무더기로 심어 서로 어우러질 수 있게 하는 것이다. 우선, 원하는 꽃의 색깔별로 일년초나 다년초의 종류를 넉넉하게 골라 놓는다.

2. 식물의 키를 고려한다.

1에서 선택한 식물들의 개화기에 꽃의 높이를 예측하여 키에 따라 대, 중, 소의 크기로 분류한다. 화단을 감상하는 시선의 높이를 고려하여 앞에서부터 키 작은 식물을 배치하고 높은 위치에 꽃이 달리는 식물은 뒤로 배치한다. 이는 다양한 높이의 꽃들을 한눈에 자연스럽게 감상할 수 있다. 이러한 식재 방법은 혼합 식재한 화단에서 키 큰 초화류의 쓰러짐을 막을 수도 있다.

3. 개화시기와 기간을 고려한다.

적절한 위치에서 연속적으로 다양한 꽃이 피고 지는 화단을 만들려면 식물의 꽃 피는 시기와 개화 기간을 세심하게 계산하여야 한다. 이는 혼합 식재의 가장 중요한 단계이다. 2와 3의 요소를 종합적으로 조사하기 위하여 도표를 만들어 본다. 도표의 세로줄은 색과 개화 시기로 나누고 가로줄은 식물의 높이를 대, 중, 소로 나누어 한 눈에 비교할 수 있는 표를 만들면 검토하기 쉽다.

4. 전체적인 통일감과 리듬감을 연출한다.

화단의 연출 방법은 화단의 위치와 크기에 따라 다르겠지만 전체적인 통일감과 리듬감을 고려한다. 혼합 식재라 하여 무조건 다양한 종류의 꽃을 심으면 혼란스러울 때가 있다. 화단의 뒷부분에 여러 종류의 식물을 식재하였더라도 그 앞부분이나 화단 경계를 따라 같은 수종의 키 작은 식물을 길게 식재하면 화단 전체에 통일감을 줄 수 있다. 또한 혼합 식재로 꾸민 화단에도 중간 크기의 화초나 큰 키의 화초를 적절한 규모로 반복적으로 식재하면 전체적으로 화단에 리듬감이 생기게 된다.

5. 잎의 다양한 질감과 색의 조화를 고려한다.

화단은 아름다운 꽃을 피워 감상하기 좋지만 꽃이 피는 시기는 그리 길지 않다. 꽃이 없더라도 식물의 질감, 색, 형태 등의 조화를 고려하여 회화적인 효과를 얻는다. 더욱이 잎의 다양한 질감과 색은 꽃의 배경으로 존재하여 화단을 아름답게 연출하는데 중요한 역할을 한다. 또한 겨울에도 화단에 마른 줄기와 잎이 남아 있으면 또 다른 모습의 겨울 정원을 연출할 수 있다.

■ 봄~초여름 화단

	5~40 cm		
백색 계열	바위취	은방울꽃	돌단풍
황색 계열	돌나물	튤립	문빔
적색 계열	꽃잔디	섬백리향	상록패랭이
청색 계열	무스카리	아주가	알리움

■ 여름~가을 화단

	5~40 cm		
백색 계열	안개꽃	하설초	나도샤프란
황색 계열	애기기린초	메리골드	한련화
적색 계열	일일초	꽃무릇	천일홍
청색 계열	아게라텀	솔채꽃	베로니카

7단계 시설물로 장식하자

7.1 정원 가구
7.2 정원 장식물
7.3 기타 부속 시설

7단계 시설물로 장식하기

4단계에서 공간과 동선을 위한 땅 가름을 하고 5단계에서 울타리나 계단 등 필요한 구조물을 계획하였다. 그리고 6단계에서 정원수를 결정하면 기본적인 정원 디자인은 끝난 셈이다. 하지만 좀 더 아름다운 정원을 꾸미기 위하여 장식적인 요소로 다양한 정원 시설물을 첨가할 수 있다.

정원은 같은 디자인의 정원에서도 시설물의 선택에 따라 다른 분위기가 연출된다. 이는 정원 주인의 취향이 적극적으로 반영되기 때문에 개성 있는 정원을 꾸밀 수 있다. 마치 획일적인 아파트의 같은 면적과 같은 구조의 거실에서 소파나 벽에 건 액자로 거실의 분위기가 확연히 달라지는 것과 같다.

정원 시설물은 2장에서 결정한 정원의 유형에 따라 디자인을 선택하는 것이 좋다. 현대식 정원이나 정형식 정원에는 단아하고 모던한 디자인의 시설물이 어울리며 낭만적 정원에는 화려하고 장식적인 요소가 첨가된 바로크 풍의 정원 시설물을 이용하면 더욱 정원의 개성이 돋보이게 된다.

이러한 정원 시설물은 그 용도나 시각적인 효과뿐만 아니라 다양한 이차적인 효과를 가져 온다. 즉 조각품이나 자연석과 같이 일차적으로 시각적 효과를 주는 것이 있는가 하면 조형물을 이용한 분수는 시원한 물소리로 청각적인 효과를 준다. 또한 처마 밑에 걸어 놓은 풍경은 바람을 타고 청량한 음향을 만들어 바람소리를 감지할 수 있으며 새 욕조나 나뭇가지에 먹이통을 메달아 놓으면 아름다운 새소리와 함께 새들의 움직임을 관찰할 수 있다. 이러한 시설물의 효과들은 정원에 생기를 불어 넣으며 자연의 심미적인 분위기를 내 정원에 들여놓는다.

정원 시설물의 디자인은 정원 구조물과 같이 서로의 기능에 맞게 재료, 칼라, 형태 등이 통합된 이미지를 가져야 한다. 이때 정원의 전체적인 분위기와 어울리지 않는 색채나 유형에 맞지 않는 형태는 피하는 것이 좋다. 단지 특별히 강조하거나 부각시키고 싶은 시설물은 신중히 검토하여 설치한다.

또한 정원 시설물은 대부분 제작된 것을 선택하는 경우가 많다. 이때 단순히 아름다운 것보다 내 정원에 어울리는 것을 선택하며 기능과 편리성 그리고 유지 관리를 생각하여야 한다. 아무리 아름답게 디자인된 정원 시설물이라도 사용하기 불편하면 사용하지 않게 된다. 그리고 정원 규모에 맞지 않게 시설물이 너무 크거나 작으면 전체적인 정원 분위기에 어울리지 않는다.

더구나 다양한 재료로 만들어지는 정원 시설물은 세심한 관리가 요구된다. 각 시설물의 재료에 따라 관리 방법이 다르기 때문에 목재, 철재, 석재 등 각 재료의 특성을 알아 두어야 한다. 적절한 방법으로 관리되지 않으면 시설물의 수명이 짧아지고 정원의 흉물이 될 수도 있다. 즉 정원 시설물은 형태와 미 그리고 기능을 고려하여 선택하고 지속적인 관리가 잘 되어야 정원을 아름답게 장식할 수 있다.

7.1 정원 가구

■ 야외 테이블과 의자

정원이 야외 거실의 개념을 갖기 시작하면서 거실에 식구들이 앉아서 쉴 수 있는 안락한 소파가 있듯이 정원에도 편안하고 안락한 의자와 테이블이 놓이게 되었다.

야외 의자의 종류는 간단히 걸터앉는 스툴, 테라스에 놓아 식사를 할 수 있는 팔걸이 없는 의자나 팔걸이 의자, 독서나 일광욕을 즐길 수 있는 눕는 의자 그리고 두세 사람이 함께 앉을 수 있는 벤치 등이 있다.

야외 의자는 편안함과 안정감이 동시에 갖추어져야 한다. 다시 말하면 인체공학적으로 치수가 알맞아야 한다. 의자가 너무 높거나 깊은 것은 좋지 않다. 또한 지나치게 부드러운 의자는 자세의 지지가 불안정하여 피곤하기 쉽다.

또한 햇빛과 비, 눈, 바람에 노출되는 야외의자는 놓일 장소에 따라 재료 및 형태가 고려되어야 한다. 야외 의자에 사용되는 재료는 목재, 석재, 금속, 플라스틱, 라탄 등이 있으며 몇 가지 재료를 혼용해서 만들기도 한다. 즉 야외 의자의 선택은 형태, 용도, 구조 및 재료를 고려하여 내 정원에 적합한 것을 선택하여야 한다.

정원에 놓여 있는 의자는 바라만 보아도 편안하다. 그 자체가 '쉼'의 이미지를 시각적으로 전하고 있다. 그래서 야외 의자는 하나의 조형물로 정원과 어우러져야 한다.

■ 퍼걸러

퍼걸러는 그늘을 만들어 그 아래 쉴 수 있게 만든 정원 시설물이다. 일반적으로 사방이 트여있으며 골조가 있고 지붕이 덮여 있어서 햇볕이나 비를 가릴 수 있게 만들었다.

퍼걸러는 골조인 기둥에 보를 올려 만드는 시설물이다. 퍼걸러의 재료는 보통 목재를 많이 사용하지만 기둥 부분은 벽돌이나 금속을 사용하여 부식하는 목재의 단점을 보완하기도 한다. 상단에는 보를 여러 줄 놓아 덩굴 식물이 자라게 하거나 비나 눈을 막기 위하여 두꺼운 비닐이나 폴리카보네이트(polycarbonate) 등의 투명한 재료를 이용하여 덮기도 한다.

상단에 덩굴 식물을 이용할 경우 잎이 햇빛을 가려 그 아래 그늘을 드리운다. 우리말로는 그늘 시렁에 가깝다. 덩굴성 식물은 등나무, 포도나무, 덩굴장미 등을 주로 식재하여 올린다. 또한 주변에 화단을 만들어 관목류를 심거나 부분적으로 생울타리를 만들어 퍼걸러 아래 아늑한 공간을 만들 수 있다.

넓은 정원에서는 적당한 장소에 독립적으로 배치하여 휴식이나 정원을 감상하는 장소로 이용하지만 대부분 주택 주변에 테라스가 있을 경우 이와 연결하여 여름철에 뜨거운 직사광선을 막기 위해 설치한다.

■ 바비큐 시설

바비큐(barbecue) 시설은 정원에서 고기를 굽거나 요리를 할 수 있는 시설이다. 설치 장소는 구조물로 만들어 영구적으로 사용하는 고정식으로 만들 경우 파티나 식사를 할 수 있는 테라스 주변이 편리하다. 또는 별도의 바비큐 장소를 마련하여 설치하기도 한다.

대부분 고정식 바비큐 시설은 돌이나 방화 벽돌로 화덕을 만든다. 그리고 그 주변에 앉을 수 있는 낮은 벽을 만들어 긴 의자로 사용하면 많은 인원이 함께 즐길 수 있다. 또한 고정식으로 설치한 경우에는 바람의 방향을 고려하여 위치를 잘 잡아야 한다. 고기를 구울 때 연기가 식탁 주위로 불어와 불편할 경우가 있기 때문이다.

이동식 바비큐 시설은 주물이나 철재로 만든 것이 많으며 연료는 전기나 가스를 쓰기도 한다. 이동식은 바람을 피해 이동이 가능하여 실용적이지만 대부분 소형이라는 단점이 있다. 하지만 쉽게 이동할 수 있어 사용을 하지 않을 경우 창고 등에 보관하기 좋다.

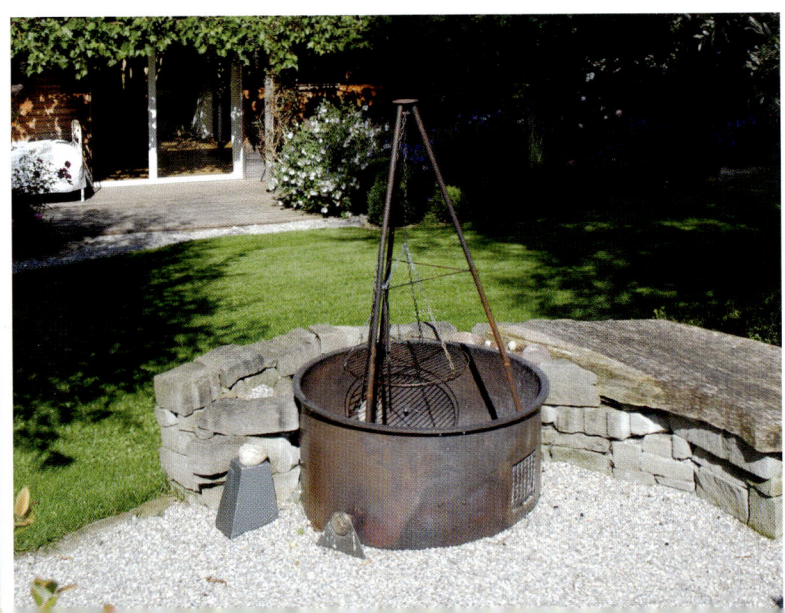

■ 정원등

은은한 달빛이 내려앉은 정원은 차분하고 신비한 분위기를 갖는다. 낮 동안의 정원의 모습과는 또 다른 정취를 느끼게 한다. 이런 정원의 야간 풍경은 정원등을 이용한 조명으로 연출할 수 있다. 더욱이 야간 활동 시간이 길어진 현대인에게 더 많은 시간을 정원에서 즐길 수 있게 하는 중요한 시설물이다.

정원등의 선택은 기능과 미관을 어느 정도 구분하여 계획하여야 한다. 야간에 비치는 정원 조명은 예쁜 꽃들이 심어져 있는 화단이나 조형 소나무의 아름다운 모습이 빛과 그림자 효과로 또 다른 정원을 연출한다. 또한 대문에서 현관까지 길을 따라, 테라스에서 저녁 식사를 위하여, 울타리 주변의 방범 등 정원에서의 야간 활동을 위하여 기능적인 조명이 필요하다.

정원등은 그 기능에 따라 보안등, 녹지등, 벽부등, 투사등 그리고 수중등으로 구분한다. 또한 기름이나 가스, 초 등을 이용한 장식용 등기구들이 있다. 이런 등기구는 이동이 가능하며 부분적인 조명과 장식적인 효과가 있어 매우 유용하다.

보안등은 진입로나 대문 주위에서 방범 및 야간 안전을 위하여 설치한다. 등기구는 독립형으로 적절한 거리를 두고 일정한 간격으로 배치한다. 조도는 되도록 일정한 밝기를 유지하여 보안 기능을 위한 가시성을 확보하여야 한다.

벽부등은 건축물의 외벽, 계단 그리고 데크 주변에서 구조물의 측면을 이용하여 부착하는 조명기구이다. 주변의 상황에 따라 광원의 위치 및 조도가 고려되어야 한다. 특히 테라스 주위는 사용 빈도가 높은 생활공간으로 세심한 계획이 필요하다.

녹지등은 잔디등이라고 부르기도 하며 화단을 장식하거나 동선을 유도하기 위하여 길을 따라 설치한다. 빛의 방향은 수평내지 하향으로 비추는 조명기구를 사용하며 높이는 60cm 이하로 하여 눈부심을 피해야 한다.

투사등은 수목의 조형미를 강조하거나 특정 시설물을 집중적으로 비추기 위하여 설치한다. 투사등의 장점은 빛의 각도, 색상, 밝기 및 질감에 변화를 줄 수 있다. 이는 다양한 디자인에 따라 야간 정원의 색다른 분위기를 연출할 수 있다.

수중등은 수영장이나 연못, 폭포 등에 사용하며 물속에 설치하는 조명기구이다. 이는 물의 깊이와 투명도에 따라 조명효과가 달라지며 물의 미세한 움직임에도 빛의 율동이 일어나 특별한 효과를 낸다. 주의할 점은 수분에 의한 감전 위험이 있기 때문에 반드시 12V의 저전압 조명기구를 사용해야 한다.

광원의 색상은 자연광에 가까운 빛의 색깔을 고른다면 전체적으로 정원에서 따스함이 느껴질 것이다. 밝거나 화려한 분위기보다는 눈부심이 적으면서 튀지 않는 은은한 분위기로 장소와 용도에 따라 강약을 주면 좋다. 또한 광원의 높이는 빛이 직접 눈에 들어오지 않게 하여야 한다. 집중적인 강한 빛은 주변을 더욱 어둡게 만들기 때문에 가급적 피한다.

정원등의 형태는 정원 유형에 맞는 디자인을 선택한다. 정원의 컨셉은 소나무와 장독대가 어우러진 한국적인 정원인데, 정원등은 낭만적이고 화려한 바로크풍의 디자인이라면 낮 시간에 정원 분위기가 어색하게 느껴질 것이다.

효과적인 조명 계획은 정원 규모에 맞는 적절한 조도, 전체의 분위기에 맞는 등기구의 선택 그리고 배치를 종합적으로 고려하여야 한다. 그리고 시공을 위한 전기 인입 및 배선의 기술적인 문제는 전기 기술자의 도움을 받는 것이 좋다.

7.2 정원 장식물

■ 조각품

정원에 있는 아름다운 조각상은 꽃이나 나무에서 느끼는 감성과는 다르게 정원에 또 다른 의미를 담아낸다. 즉 조각은 정원에서 시각적인 초점 역할을 하며 그 조각의 이미지를 강하게 정원의 이미지로 만든다.

그리스나 로마신화에서 나오는 신들의 모습이 있으면 유럽 정원의 분위기를 만들고 제주도의 돌하르방, 영등할멈 등이 있으면 제주도의 따뜻한 분위기를 연상하게 된다. 즉 신화나 설화에 나오는 주인공들의 모습을 형상화하여 정원의 분위기에 그들의 의미를 부여한다.

특히 캐릭터의 조형물들은 FRP, 주물, 철재 등 다양한 재료로 자유롭게 제작하여 정원에 개성 있는 이야기를 담아내거나 흥미를 유발시킬 수 있다.

또한 조각과 분수를 조합하거나 조각에 식물을 담아 생동감 있는 조형물을 만들 수 있다. 조형분수는 여름철 시원스러운 이미지를 줄 뿐만 아니라, 연못과는 달리 겨울철 물이 나오지 않아도 조각의 조형미를 감상할 수 있다.

조각품은 정원에 강한 조각의 이미지를 부여하기 때문에 신중하게 선택하여야 한다. 또한 정원의 규모나 정원의 유형을 고려하여 작품을 선택하는 것이 좋다. 조각품의 배치는 적절한 감상 거리를 고려하여야 한다.

■ 장식 화분

장식 화분은 이동이 가능하여 소교목이나 관목을 심어 적절히 위치를 바꾸어 주거나 꽃 위주의 화훼류를 식재하여 계절별로 갈아 심으면 전혀 다른 느낌의 정원을 만들 수 있다. 즉 장식 화분을 이용하여 정원에 포인트를 주거나 정원의 분위기를 다양하게 연출할 수 있다.

예를 들면 상록 위주의 정형식 정원에 꽃을 심은 장식 화분을 놓아주면 포인트 역할을 한다. 이는 초록의 단조로움 속에 꽃의 화려함을 더하는 효과를 낼 수 있다. 또한 땅에 직접 식물을 심을 수 없는 테라스, 대문 주위 그리고 현관의 포장 위에 크고 작은 화분을 이용하여 분위기를 다양하게 꾸밀 수 있다. 또는 벽이나 처마를 이용하여 가벼운 재질로 만든 화분을 달면 또 다른 신선한 분위기를 만든다.

일반 화분이 식물을 기르는 토분이라면 장식 화분은 정원에 첨경물로 이용되는 하나의 조형물이다. 일반적으로 규모가 크거나 다양한 문양을 넣어 화분 자체를 디자인하여 제작한 것이다.

장식 화분의 재료는 목재, 석재, 금속, 압축 플라스틱 등을 사용하며 진흙을 이용한 옹기, 질그릇, 테라코타 등이 있다. 하지만 겨울철 동파의 위험을 고려하여 야외에서는 금속, 목재, 석재 등과 같이 온도 변화에 강한 소재를 선택하는 것이 좋다.

재료의 선택 또한 정원의 유형을 고려한다. 현대식 정원이나 정형식 정원에는 모던하고 단순한 느낌의 금속이나 다양한 색상으로 생산되는 압축 플라스틱 제품이 어울리고 낭만적 정원이나 야생 정원은 고풍스러운 느낌의 돌이나 목재 제품이 어울린다.

■ 오벨리스크

오벨리스크(obelisk)는 정원에 있는 일종의 식물 지지대이다.
식물 지지대는 채소원에서 덩굴 식물인 오이나 참외를 세워서 키우기 위해 사용하는 것도 있지만 조형적인 형태로 만들어 실용적이면서 장식적인 시설물로 사용한다.

오벨리스크는 고대 이집트 왕조 때 태양을 섬기는 신앙의 상징으로 세워진 기념비이다. 이후 국왕의 업적이나 전쟁의 승리를 기념하기 위하여 세워졌으며 대부분 돌로 만든 기둥이다. 이는 피라미드 형태로 기단 부는 사각형이고 위로 올라갈수록 뾰족하게 가늘어진다.

정원에 있는 오벨리스크는 이를 축소하여 목재나 철재, 주물 등으로 만들어 주로 화단에 배치한다. 이는 장식적 효과뿐만 아니라 장미나 클레마티스와 같은 덩굴성 식물을 수직으로 키울 수 있어 눈높이에서 꽃을 감상할 수 있는 기능적인 효과가 있다.

또한 겨울철 수확이 끝난 채소원이나 낙엽이 지고 난 겨울 화단에서 수직적인 조형물로 정원에 장식물 역할을 하고 있다.

■ 새들을 위한 시설물

새들이 날라 오고 새소리가 정원에 퍼지면 더욱 생동감 있는 정원을 만들 수 있다. 이들을 위한 시설물로 새 집, 새 물통 그리고 새 모이통을 준비한다.

새 물통은 새 욕조라고도 하며 인공적으로 작은 웅덩이를 파서 물을 담아 놓는다. 또는 깊이가 낮은 수반에 물을 담아 놓으면 된다. 이곳에서 새들은 물을 마실 뿐만 아니라 한 여름에 체온을 낮추기 위해 목욕을 하러 찾아온다.

정원에 열리는 식물의 열매는 새들의 중요한 먹이가 된다. 하지만 봄이나 초여름에는 열매가 거의 없고 눈이 덮인 추운 겨울에는 더욱 먹이를 찾기 어렵다. 이럴 때 새 모이통에 새들을 위하여 먹이를 제공할 수 있다. 그러면 야생 조류를 내 정원으로 초대하여 다양한 새들의 모습을 관찰할 수 있다. 다양한 디자인의 새 물통이나 자연 소재인 밀짚이나 목재로 만들어 나뭇가지에 걸어 놓은 모이통은 정원에 장식적인 효과로 조형미를 더한다.

7.3 기타 부속 시설

■ 온실

온실은 식물의 주요 생육환경인 광선, 온도, 습도를 인공적으로 조절할 수 있는 시설이다. 마음이 조급한 정원사들에게 때 이른 꽃을 선사하기도 하고 어린 모종을 키우거나 추위에 약한 식물들에게 따뜻한 안식처를 제공하기도 한다. 또한 작은 테이블이나 의자를 들여놓아 차 한 잔을 나눌 수 있는 여유로운 장소를 만들 수도 있다. 특히 겨울철 꽃을 볼 수 있어 온실은 겨울정원(Winter Garden)이라 부르기도 한다.

온실의 건축 재료는 일반적으로 유리나 비닐 또는 폴리카보네이트를 사용하고 골조의 재료에 따라 목조 온실, 철조 온실 그리고 알루미늄 온실이 있다. 온실의 난방은 전열 난방, 보일러를 이용한 증기난방 및 각종 난로를 이용한 열풍난방 등이 있다. 온실은 대부분 남북으로 길게 설치하여 햇볕이 잘 들게 하고 바람이 잘 통하는 곳에 배치한다. 또는 건물 외벽을 한 면으로 이용하면 시설비를 절약하고 벽면의 온기를 이용할 수 있다.

온실은 건축비와 유지 관리비가 많이 드는 시설물이다. 목적에 따라 온실의 규모와 내부 시설 그리고 난방 방법을 선택해야 한다. 한 번 설치하면 오랜 기간 사용하는 시설물이기 때문에 신중하게 검토하여야 한다. 이와 같이 온실을 설계하고 건축하는 데에는 상당히 전문적인 지식이 필요하기 때문에 각 분야별 전문가들과 상담을 거쳐서 목적에 맞게 계획하는 것이 좋다.

한편 온실보다 간단하며 시설비가 적게 드는 온상이 있다. 화훼나 채소 모종을 키우기 위하여 작은 규모로 태양열을 이용하는 시설이다. 낮에는 햇볕을 받고 저녁때 덮개를 덮어 밤 동안에 내부의 온도가 내려가지 않도록 해준다. 이는 온상 안을 따뜻하게 하여 모종의 성장이나 발아를 촉진시킨다.

■ 창고

정원을 가꾸기 위해선 여러 가지 도구가 필요하다. 이들을 눈이나 비를 피해 보관하기 위해서 창고는 정원에 꼭 필요한 시설 중에 하나다. 작게는 호미, 모종삽, 화분 등 부피가 작은 것도 있지만 외발이 수레나 잔디 깎는 기계와 같이 부피가 큰 것도 있다. 또한 구근류를 보관하거나 초봄에 추위를 피하여 발아 모판을 넣어 두기도 한다.

창고는 주택의 일부분을 사용하거나 정원 한 귀퉁이에 별채로 만들기도 한다. 별채로 만들 경우 습기가 차지 않도록 양지바른 곳에 설치하는 것이 좋다. 대부분 목재로 소박하게 만들어 눈에 띄지 않게 하지만 적절한 색상의 페인트칠이나 주변을 예쁘게 식재하여 정원에 있는 또 다른 작은 집으로 조형물의 효과를 낼 수도 있다.

창고의 내부는 서서 모종 작업을 할 수 있는 적절한 높이의 작업대를 만들거나 삽, 갈퀴, 긴 빗자루 등 정원 도구를 정리해 놓을 수 있는 걸이 선반을 갖추어 놓으면 편리하다.

■ 퇴비장

퇴비장은 정원에서 자체적으로 퇴비를 만드는 시설이다. 정원을 가꾸다 보면 잡초 뽑기, 정원수 가지치기, 시든 꽃 따주기, 잔디 깎기, 낙엽 등 여러 가지 과정에서 정원 폐기물이 나오게 된다. 이러한 폐기물은 대부분 유기물이다. 이 유기물을 적절히 모아 두면 여러 가지 미생물의 도움으로 분해 과정을 거쳐 원조직이 흑갈색으로 변색되면서 친환경 비료인 퇴비가 된다.

퇴비를 화단에 뿌리면 토양의 상태를 개선하여 흙의 보수성을 증가시킨다. 또한 퇴비는 흙을 부드럽게 만들어 식물의 생장을 돕는데 효과적이다. 또한 퇴비 속에 있는 유기물은 흙 속에서 부식하면서 질소와 칼륨 등 비료 성분으로 변하여 유용하다.

퇴비는 온도, 습도, 부산물의 크기 등에 따라 만들어 지는 시간이 달라진다. 환경 조건에 따라 3~8개월 정도 걸린다. 만약 시간을 줄이려면 발효촉진제나 부산물의 크기를 잘게 부수어 넣으면 효과적이다. 퇴비는 부산물의 원형을 알아볼 수 없을 정도로 부식되고 냄새가 없고 흑갈색으로 변한 완전히 숙성된 퇴비를 사용한다.

이러한 퇴비를 만들기 위해서 적절한 환경을 갖춘 저장 시설인 퇴비장이 필요하다. 퇴비장의 형태는 미생물의 호흡을 위하여 공기가 잘 통하게 한다. 메쉬 망이나 구멍이 있는 콘크리트 블럭 등을 이용한다. 퇴비장의 위치는 너무 건조하지 않아야 한다. 유기물을 잘 썩게 하기 위하여 적당한 수분이 필요하기 때문에 그늘진 나무 밑이나 담 밑에 두는 것이 좋다. 다만, 발효과정에서 냄새가 날 수 있으므로 바람이 잘 통하는 곳으로 주택에서 어느 정도 거리를 두고 퇴비장을 설치한다. 또한 시각적으로 좋지 않을 수 있으므로 생울타리나 관목 등을 이용하여 적절하게 시선을 차단하는 것이 좋다.

출판사 Atelier Isu

아뜨리에 이수는 꽃과 나무를 좋아하고 정원을 가꾸는 분들을 위해 책을 만들고 있습니다. 저자 문현주는 오랜 유럽 생활의 경험을 바탕으로 다양한 모습의 정원을 소개하고 그들의 정원 문화를 알리려 하고 있으며 저는 사진을 찍고 있습니다.

<유럽의 주택 정원 1, 2, 3>은 독일, 프랑스 그리고 영국의 오픈 가든을 방문하여 정원 주인들과 인터뷰하고 사진을 담아 그들의 주택 정원을 소개하였습니다.
< 7단계 정원 디자인>은 내 정원을 직접 디자인하는 과정을 단계적으로 다루었고
< 7단계 화단 디자인>은 아름다운 꽃밭을 위해 참고할 수 있는 책입니다.
그리고 유럽 여행에서 만날 수 있는 정원들을 <유럽의 역사 정원 이야기>에 썼으며 <예술가의 정원 이야기>는 그들의 정원에서 문화적 의미를 살펴보았습니다.

이 책들이 정원을 가꾸는 정원사들에게 조금이나마 도움이 되었으면 좋겠습니다.
저는 아름다운 정원을 꿈꾸고 있는 독자들을 항상 응원하고 있습니다.

Atelier Isu 대표 **서이수**

- 문현주와 함께하는 -
7단계 화단 디자인

글·사진 **문현주**

정원의 화단 디자인 과정을 7단계로 나누어 정리하였다. 화단 식물은 키 작은 관목과 다년초 중심으로 90종을 선정하고 학명의 어원, 생육 조건 및 특징을 설명하였다. 각 식물은 카드 형태로 식물의 높이에 따라 3단으로 편집되어 손쉽게 비교하며 선택할 수 있게 하였다.

1 단계 | 식물을 이해하자
2 단계 | 화단 스타일을 선택하자
3 단계 | 화단의 토양과 빛의 강도를 조사하자
4 단계 | 꽃의 색, 개화 시기 및 기간을 고려하자
5 단계 | 잎의 색과 질감을 고려하자
6 단계 | 식물의 형태와 높이를 예측하자
7 단계 | 화단을 디자인하자

– 오랜 역사를 담아...전통을 만들고 있는 그곳. –
유럽의 역사 정원 이야기

글·사진 **문현주**

유럽 정원의 전통을 만들어 낸 역사 정원들을 둘러본다. 이탈리아, 프랑스, 영국 그리고 스페인의 대표적인 역사 정원들을 방문하여 그들이 만들어 나가고 있는 정원의 전통과 정원 문화를 이야기하고 있다.

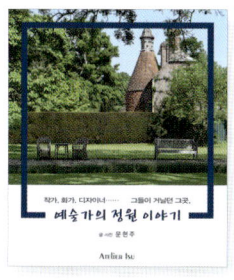

– 작가, 화가, 디자이너...그들이 거닐던 그곳. –
예술가의 정원 이야기

글·사진 **문현주**

셰익스피어, 샤갈, 모리스 등 많은 예술가들이 정원을 사랑하였다. 특히 프랑스의 프로방스 지역과 영국의 코츠월즈 지역에 많은 예술가들이 머물다 갔다. 그곳에 그들의 정원과 거기에 담긴 예술가의 흔적을 이야기한다.

– 영국의 오픈가든 –
유럽의 주택 정원 3

글 **문현주**, 사진 **서이수**

영국의 ngs(전국정원연합)와 RHS(왕립원예협회)의 활동을 소개한다. 그리고 런던 남부에 위치한 서리, 서섹스 및 켄트 지역의 오픈 가든 12곳의 주택 정원과 정원 교육기관 3곳을 소개하였다.

– 프랑스의 오픈가든 –
유럽의 주택 정원 2

글 **문현주**, 사진 **서이수**

프랑스의 정원 정책과 서부 노르망디 주변에 있는 11곳의 주택 정원을 방문하여 사진과 함께 그들의 이야기를 소개한다. 또한 정부에서 선정하여 특화한 우수 정원 6곳과 함께 프랑스의 정원 문화를 소개하였다.

– 독일, 스위스의 오픈가든 –
유럽의 주택 정원 1

글 **문현주**, 사진 **서이수**

유럽의 정원 역사와 오픈 가든의 기원을 간략하게 소개한다. 그리고 독일 남부 보덴 호수 주변에 있는 독일과 스위스의 주택 정원 12곳을 사진과 함께 실었으며 정원 디자이너가 경영하고 있는 쇼 가든 3곳을 소개하였다.

–문현주와 함께하는–
7단계
정원 디자인

초판 1쇄 발행 2017년 6월 30일
증보판 3쇄 발행 2022년 9월 20일

지은이 | 문현주
펴낸이 | 서이수
펴낸곳 | Atelier Isu
편집디자인 | 백연옥
인쇄 | 금석인쇄

출판등록 | 제2014-000010 호
주소 | 경기도 양평군 양서면 신원1길 221
전화 | 070.7773.4190 / 010.7392.1469
팩스 | 02.6008.7089
이메일 | atelierisu@naver.com

ⓒ 문현주, 2017

ISBN 979-11-954329-4-3